# GUÍAS 👁 VISUALES

# LA TIERRA

William Smith
(1769-1839)

Cristales
monoclínicos
de azufre

Eclogita

Granito

Goniómetro
midiendo los
ángulos en un
cristal de sulfato
de cobre

Cobre metálico

Planetario antiguo que muestra la
órbita de la Tierra en torno al Sol

Modelo simulando
una cordillera

Malaquita en una roca

# GUÍAS 👁 VISUALES

# LA TIERRA

Escrito por
## SUSANNA VAN ROSE

Delgado corte de piedra caliza, aumentado

Los caracoles de jardín aportaron una pista a la teoría de la deriva continental

Bióxido de carbono agregado al agua

Delgado corte de gabro, aumentado

Gondwana

Cristales naturales de oro en un trozo de cuarzo

Microscopio de petrólogo

## DK
DK Publishing, Inc

Captación de fósiles mediante filtración de sedimentos del lecho marino

Enfriamiento rápido de azufre caliente

## LONDRES, NUEVA YORK, MÚNICH, MELBOURNE Y DELHI

Título original de la obra: *Earth*
Copyright © 1994 Dorling Kindersley Limited

**Editora del proyecto:** Charyn Jones
**Editora de arte:** Jane Bull
**Ayudante de diseño:** Helen Diplock
**Producción:** Adrian Gathercole
**Fotografía especial:** Clive Streeter
**Investigación iconográfica:** Caroline Brooke
**Jefa de Redacción:** Josephine Buchanan
**Directora de arte:** Lynne Brown
**Asesor editorial:** Dr. John Cope, UWCC, Wales

**Editora en E.E. U.U.** Elizabeth Hester
**Asesor** Producciones Smith Muñiz

Edición en español preparada por
Alquimia Ediciones, S.A. de C.V.
Río Balsas 127, 1º piso, Col. Cuauhtémoc
C.P. 06500, México, D.F.

Primera edición estadounidense, 2004
04 05 06 07 08 10 9 8 7 6 5 4 3 2 1

Publicado en Estados Unidos por
DK Publishing, Inc.
375 Hudson Street, New York, New York 10014

Los créditos de la página 64 forman parte
de esta página.

Publicado en Gran Bretaña por Dorling Kindersley Limited.

A catalog record for this book is available from the Library of
Congress.

ISBN: 0-7566-0416-8

Reproducción a color por Colourscan, Singapur
Impreso y encuadernado por Toppan Printing Co. (Shenzhen) Ltd.

Descubra más en
## www.dk.com

Calentamiento de azufre en polvo

Azufre en polvo

Delgada sección de obsidiana vista al microscopio

James Hutton (1726–1797)

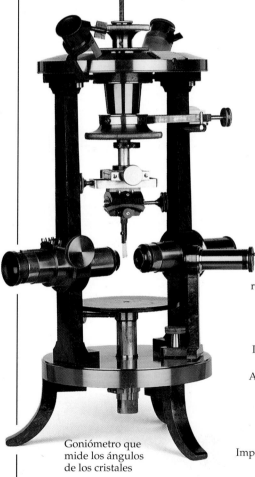

Goniómetro que mide los ángulos de los cristales

Modelo de laboratorio de un delta

# Contenido

Muestras recogidas por el *Challenger* (1872-1875)

# ¿Qué compone la Tierra?

COMO UN PEQUEÑO PLANETA en el vasto Sistema Solar, la Tierra es única en muchos sentidos. Tiene vida, agua y una superficie que se renueva continuamente. Esto incluye la delgada corteza rocosa bajo nuestros pies. Las partes que se pueden ver son sólo una mínima proporción de todo el planeta. Bajo la corteza se halla un grueso y estratificado manto, también rocoso, y en el centro hay un núcleo de metal, con una parte sólida y otra líquida. La Tierra está rodeada por un campo magnético que varía con el tiempo y destruye las intensas radiaciones del Sol, que serían dañinas para la vida. La corteza de silicato está envuelta en agua y gases atmosféricos (págs. 10-11) que provienen casi por completo de las erupciones volcánicas. Está compuesta de segmentos, llamados placas, que se mueven lentamente; a lo largo de millones de años, este movimiento ha cambiado la estructura de los continentes al interactuar las placas (págs. 36-37).

**VISTA SATELITAL DE LA TIERRA**
La Tierra no es exactamente esférica. Está achatada en los polos y abultada en el ecuador, de manera que el radio en los polos es 27 millas (43 km) más corto que el radio ecuatorial. El antiguo filósofo griego Pitágoras (*c.* 570-500 a.C.) creía que la Tierra podía ser esférica. Esta idea le surgió cuando miraba unos barcos aproximándose desde el horizonte. Él vio primero sus mástiles; sólo cuando se fueron acercando, aparecieron los cascos.

**LOS PRIMEROS COLECCIONISTAS**
El estudio de las rocas en diferentes lugares aporta información acerca de la enorme variedad de procesos que intervienen en la cambiante superficie de la Tierra. Mary Anning (n. 1799) fue una coleccionista de fósiles que vivió en Inglaterra. Ella encontró fósiles en antiguas capas de roca que quedaron expuestas en la superficie. Esta información fue usada por su amigo Sir Henry De La Beche (1796-1855), geólogo inglés que inició la cartografía geológica sistemática y estableció la primera Inspección Geológica en Gran Bretaña, en 1835.

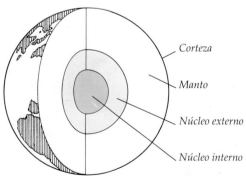

*Corteza*

*Manto*

*Núcleo externo*

*Núcleo interno*

**EL INTERIOR DE LA TIERRA**
La corteza terrestre es tan delgada que la línea dibujada aquí es demasiado gruesa para estar a escala. Tiene casi 3 millas (5 km) de espesor bajo los océanos y 21 millas (35 km) debajo de los continentes. El manto mide cerca de 1,860 millas (3,000 km) de grosor. El núcleo metálico tiene una parte externa líquida y una parte interna sólida. En el núcleo, la presión es más o menos un millón de veces la presión atmosférica, mientras que la temperatura es de unos 8,000 °F (4,500 °C). Es imposible simular estas condiciones, de modo que la información sobre el metal del núcleo está basada sólo en conjeturas.

**EL CAMPO MAGNÉTICO**
El líquido metálico del núcleo externo de la Tierra fluye y hace remolinos, generando un campo magnético. De tiempo en tiempo –tal vez miles o decenas de miles de años– la dirección del campo se invierte, aunque no se sabe cómo sucede. Las líneas de fuerza del campo magnético asemejan grandes ondas alrededor de la Tierra entre los polos norte y sur, y actúan como un escudo protegiendo la Tierra del flujo energético de partículas cargadas eléctricamente, provenientes del Sol, conocidas como viento solar. (Este escudo forma una cavidad magnética conocida como la magnetosfera.) Cuando el campo magnético de la Tierra se topa con el viento solar, se comprime en el lado más próximo al Sol. En el lado más alejado se forma un borde de escape. El modelo de alambre muestra el dibujo formado por la interacción del viento solar con el campo magnético terrestre.

*Magnetosfera*

*Cola de la magnestosfera*

*Campo magnético comprimido*

*Dirección del viento solar*

*Tierra*

Modelo de alambre de la magnetosfera

Peridotita

# Ingredientes terrestres

Además de agua, aire y rocas, descubrir de qué está compuesto el resto de la Tierra no siempre es posible (págs. 40-41). Algunas rocas del manto superior salen a la superficie durante las erupciones volcánicas de magma (p. 25). Estas rocas dan indicios sobre la composición del manto. Es más difícil aún imaginar las condiciones del metal altamente comprimido en el núcleo sólido de la Tierra. Se trata de la parte más densa y bajo mayor presión.

Gas

## GAS ATMOSFÉRICO
• Una ínfima parte de 1% de toda la masa terrestre.
• La atmósfera es más densa cerca de la superficie terrestre y se vuelve menos densa a mayor distancia. Muchas moléculas de gas son atraídas a la superficie por la gravedad de la Tierra.

Hielo

## HIELO EN GLACIARES Y CAPAS
• Alrededor de 0.002% del volumen total de la Tierra.
• 0.003% de la masa total de la Tierra.
• Las capas de hielo de la actualidad son una herencia de la Era de Hielo de los últimos dos millones de años.

Corteza oceánica (basalto)

Corteza continental (granito)

## AGUA
• Alrededor de 0.1% del volumen total de la Tierra.
• 0.02% de la masa total de la Tierra.
• El agua es la única sustancia que cubre tres cuartos de la superficie terrestre (págs. 16-17).

Agua

## LA CORTEZA
• 0.8% del volumen total de la Tierra.
• 0.4% de la masa total de la Tierra.
• La corteza oceánica es principalmente roca basáltica hecha de silicato rico en hierro y magnesio.
• La corteza continental es granito que se desarrolló a causa del reciclamiento de la corteza basáltica del mar.

## NÚCLEO TOTAL
• 16% del volumen total de la Tierra.
• 31% de la masa total de la Tierra.

*Posible aspecto del hierro sólido del núcleo*

## EL NÚCLEO LÍQUIDO
• Se considera que está hecho de hierro líquido y se cree que fluye, creando las corrientes que generan el campo magnético de la Tierra.

Mercurio

*El mercurio es líquido en la superficie de la Tierra*

## EL NÚCLEO SÓLIDO
• La enorme presión en el centro de la Tierra significa que el hierro derretido que compone el núcleo externo está tan comprimido que se vuelve sólido.

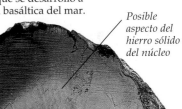

Hierro sólido

## EL MANTO
• 83% del volumen total de la Tierra.
• 68% de toda la masa terrestre.
• Compuesto de densos silicatos minerales, rico en hierro; quizá está hecho de rocas compactas, ricas en peridoto, como la peridotita. A lo largo de toda la historia terrestre, el manto debe haber ido cambiando lentamente su composición, pues se ha agregado magma a la corteza, quitando del manto superior los elementos químicos que se funden más fácilmente.

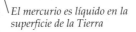
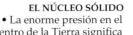

# Primeras ideas sobre la Tierra

MUCHOS DE LOS PRIMEROS CONCEPTOS acerca del origen y la composición de la Tierra estaban bien fundamentados en la observación y la razón; otros fueron tradiciones arraigadas. A veces hay una conexión entre las ideas tradicionales y el pensamiento científico. En otras ocasiones, es difícil ver alguna relación. El desarrollo del conocimiento y la comprensión de nuestro entorno no siempre han seguido una misma línea. Aunque los antiguos griegos y los egipcios establecieron que la Tierra era redonda y calcularon su radio con precisión, siglos más tarde algunos pueblos aún creían que era plana. Los primeros mapas fueron de áreas locales, dibujados sobre tela, por lo que la idea de una Tierra plana era una derivación lógica de la imagen del mapa. Los antiguos exploradores, algunos de ellos cuidadosos observadores, viajaron mucho y llevaron su conocimiento a nuevas tierras. En el siglo XVIII, uno de los primeros geólogos modernos, James Hutton (1726-1797), expuso innovadoras teorías sobre la Tierra. Dejando de lado las ideas heredadas, trabajó a partir de la observación.

**MAPA DEL MUNDO**
Este mapa *(mappa mundi)* fue dibujado en el siglo 10 d.C., como parte de una capitular en la página de un manuscrito ilustrado.

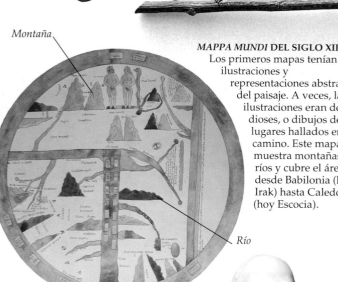

**MAPPA MUNDI DEL SIGLO XII**
Los primeros mapas tenían ilustraciones y representaciones abstractas del paisaje. A veces, las ilustraciones eran de los dioses, o dibujos de los lugares hallados en el camino. Este mapa muestra montañas y ríos y cubre el área desde Babilonia (hoy Irak) hasta Caledonia (hoy Escocia).

*Montaña*

*Río*

**VARA ADIVINA**
Encontrar agua subterránea con una vara ahorquillada es un método que aún se usa en algunos lugares. El buscador sujeta la vara por la parte ahorquillada. Según los adivinos, al pasarla por encima del agua subterránea, gira violentamente.

**JAMES HUTTON**
Fue un geólogo escocés cuyo interés en la agricultura lo llevó a estudiar la fertilidad del suelo. Esto lo impulsó a ampliar sus observaciones a la campiña escocesa. Sus ideas plutonistas sobre el origen de las rocas, relacionado con la actividad volcánica, provinieron de los estudios de rocas volcánicas en Edimburgo. Estas ideas contradijeron a los neptunistas, quienes diferían acerca del origen de las rocas (p. 22). El trabajo de Hutton dio los primeros indicios de la inmensidad del tiempo geológico.

**EN BUSCA DE METALES**
En algunas sociedades tecnológicas actuales aún se usa la geomancia, para buscar agua, minerales o sitios favorables. En su libro *De Re Metallica*, Georg Bauer, médico, filósofo y mineralogista alemán conocido como Agricola (1494-1555), describe las propiedades físicas de los minerales, dónde se encuentran los metales y cómo extraerlos. También explica el uso de las varas ahorquilladas. Él se mantuvo escéptico sobre la utilidad de la adivinación, pero admitió que algunas personas tuvieron éxito con dicho método.

El adivino

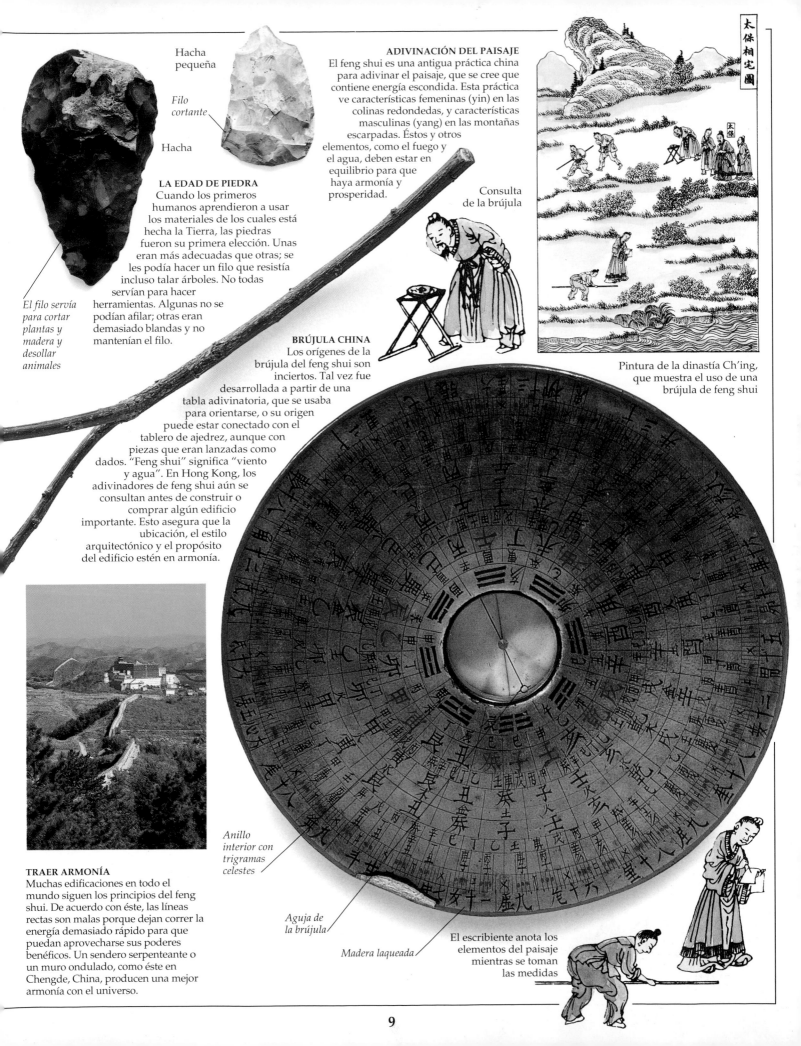

**Hacha pequeña**

*Filo cortante*

**Hacha**

*El filo servía para cortar plantas y madera y desollar animales*

## LA EDAD DE PIEDRA
Cuando los primeros humanos aprendieron a usar los materiales de los cuales está hecha la Tierra, las piedras fueron su primera elección. Unas eran más adecuadas que otras; se les podía hacer un filo que resistía incluso talar árboles. No todas servían para hacer herramientas. Algunas no se podían afilar; otras eran demasiado blandas y no mantenían el filo.

## BRÚJULA CHINA
Los orígenes de la brújula del feng shui son inciertos. Tal vez fue desarrollada a partir de una tabla adivinatoria, que se usaba para orientarse, o su origen puede estar conectado con el tablero de ajedrez, aunque con piezas que eran lanzadas como dados. "Feng shui" significa "viento y agua". En Hong Kong, los adivinadores de feng shui aún se consultan antes de construir o comprar algún edificio importante. Esto asegura que la ubicación, el estilo arquitectónico y el propósito del edificio estén en armonía.

## ADIVINACIÓN DEL PAISAJE
El feng shui es una antigua práctica china para adivinar el paisaje, que se cree que contiene energía escondida. Esta práctica ve características femeninas (yin) en las colinas redondeadas, y características masculinas (yang) en las montañas escarpadas. Éstos y otros elementos, como el fuego y el agua, deben estar en equilibrio para que haya armonía y prosperidad.

**Consulta de la brújula**

Pintura de la dinastía Ch'ing, que muestra el uso de una brújula de feng shui

*Anillo interior con trigramas celestes*

*Aguja de la brújula*

*Madera laqueada*

El escribiente anota los elementos del paisaje mientras se toman las medidas

## TRAER ARMONÍA
Muchas edificaciones en todo el mundo siguen los principios del feng shui. De acuerdo con éste, las líneas rectas son malas porque dejan correr la energía demasiado rápido para que puedan aprovecharse sus poderes benéficos. Un sendero serpenteante o un muro ondulado, como éste en Chengde, China, producen una mejor armonía con el universo.

# Un capullo de gas

La PARTE MÁS EXTERNA DE LA TIERRA es su cubierta de gas, la atmósfera. Se extiende al menos 600 millas (1,000 km) sobre la superficie sólida de la Tierra, pero tres cuartos de esta atmósfera sustentadora de vida están concentrados en las primeras 6 millas (10 km). La atmósfera es una mezcla de diferentes gases, que juntos forman el aire. El gas más abundante en la parte baja de la atmósfera es el nitrógeno, que representa el 78 por ciento. El oxígeno, indispensable para mantener la vida animal en la Tierra, constituye menos del 20 por ciento. El bióxido de carbono, sólo una pequeña fracción del total de la atmósfera, es esencial para la vida vegetal, y ayuda a mantener estable la temperatura atmosférica. Diminutos rastros de otros gases –argón y neón– son indicios del origen de la atmósfera terrestre. Ésta proviene, principalmente, de gases arrojados por los volcanes desde el principio de la Tierra, aunque algunos, como el oxígeno, son una contribución del mundo vegetal. La capa de la atmósfera más cercana a la Tierra es la troposfera. Ahí, la temperatura y la humedad cambian rápidamente, y el aire es turbulento, lo cual crea patrones climáticos.

## CIELO NEGRO PERPETUO
La Luna no tiene atmósfera a su alrededor. Esto hace que su cielo sea negro, pues allí no hay gases atmosféricos que atrapen y dispersen la luz solar, que daría un cielo azul o blanco. La falta de gases atmosféricos también significa que la Luna no tiene clima.

Paralvinella

## CRIATURAS INVISIBLES
Algunas criaturas de la Tierra viven sin oxígeno atmosférico. Ciegos y en una perpetua oscuridad en las profundidades del océano, estos gusanos del sulfuro han desarrollado una química corporal alternativa para arreglárselas en su medio ambiente. Obtienen su provisión de energía de los sulfitos minerales, que fluyen de las aguas termales en el lecho oceánico (p. 38), donde las temperaturas alcanzan los 518 °F (270 °C). Las bacterias que viven cerca toman el bióxido de carbono del agua del océano y forman moléculas orgánicas usando el sulfuro de hidrógeno de las fuentes minerales.

Bióxido de carbono
Argón y otros gases
Oxígeno
Nitrógeno

## GASES EN LA ATMÓSFERA
La atmósfera de la Tierra es única. Si estuviera formada de gases que abundan en el Sistema Solar, la Tierra tendría una atmósfera compuesta principalmente por hidrógeno y helio, con algo de metano y amoniaco. Pero procesos como la evolución de formas de vida bacteriales y vegetales han creado una atmósfera dominada por el nitrógeno. Otra característica de nuestra atmósfera es que la mayor parte de su argón es Ar40 (argón 40), de la descomposición radiactiva del potasio 40, en tanto que los gases del Sistema Solar están dominados por Ar36 y Ar38.

## FANGO VERDE
El oxígeno es un miembro "reciente" de la atmósfera terrestre. Proviene de las plantas, que durante la fotosíntesis usan bióxido de carbono para elaborar su alimento, emitiendo oxígeno. Las primeras plantas fotosintetizadoras probablemente eran como estas algas, que actualmente crecen en aguas termales volcánicas. Cuando las algas evolucionaron, hace unos 3,600 millones de años, lentamente empezaron a aportar oxígeno a la atmósfera.

## LA ATMÓSFERA DESDE EL ESPACIO

Desde el espacio, la Tierra se ve totalmente diferente a los otros planetas. Está parcialmente envuelta en nubes blancas, que se arremolinan en patrones y forman el clima. Los campos de gravedad de los pequeños cuerpos planetarios no pueden adherirse a las moléculas de gas ligeras, así que la Luna, Mercurio y Marte tienen poca atmósfera. Venus, más grande, tiene una atmósfera rica en bióxido de carbono.

Mínima cantidad de aire a esta altitud

Termosfera

300 km

Mesosfera

Monte Everest

Ozono

Estratosfera

50 km

10 km

Troposfera

## LAS CAPAS DE LA ATMÓSFERA

La atmósfera de la Tierra tiene varias capas. La altura de éstas varía con las estaciones, la latitud y el tiempo. El clima está confinado a la troposfera, y casi todas las nubes están debajo de este nivel. En la estratosfera se halla la importante capa de ozono que filtra los rayos del Sol.

## HIERRO EN FRANJAS

Entre unos 3,000 y 2,000 millones de años atrás, se formaron capas de rocas con franjas rojas y negras, algo que rara vez ha vuelto a ocurrir en la historia de la Tierra. Se trata de las formaciones con franjas de hierro, en las que el hierro reaccionó químicamente con el oxígeno, creando óxidos. Al formarse, deben haber usado enormes cantidades de oxígeno del agua de los océanos. Esto prueba que, en ese tiempo, las algas (p. 10) se reprodujeron rápidamente, volviendo los océanos más ricos en oxígeno. Luego, éste empezó a escapar a la atmósfera como sedimentos de óxido rojo que se acumularon en la tierra.

Hematites roja (un óxido de hierro)

Hematites parda (un óxido de hierro)

## AURORA AUSTRAL

Dentro de la termosfera, 190 millas (300 km) arriba, los electrones y los protones emitidos por el Sol interactúan con las partículas y producen un efecto de resplandor tenue. Se ve sobre todo en las latitudes polares. Esta aurora austral, en el Hemisferio Sur, fue fotografiada desde el transbordador espacial *Discovery*, en 1991.

## TIERRA FÉRTIL

La diversidad de vida que medra en la Tierra es única. Su atmósfera brinda cierta protección de las radiaciones del espacio, y sus gases proveen alimento para plantas y animales. Los vientos en la troposfera y las corrientes marinas moderan las temperaturas, pues de otra manera los días serían abrasadores y las noches gélidas.

# El clima en el pasado

**EL PAPEL DEL SOL**
En 1941, el meteorólogo croata Milutin Milankovitch sugirió que los cambios en la órbita de la Tierra alrededor del Sol provocaron cambios a largo plazo en el clima. Para probar sus teorías, invirtió muchos años en resolver cuánta radiación solar se había recibido a diferentes latitudes durante los últimos 650,000 años.

EL CLIMA DE LA TIERRA HA CAMBIADO mucho a lo largo del tiempo geológico. Las formas de los continentes se han alterado y éstos se han movido en relación con el ecuador y los polos (págs. 36-37). Para averiguar sobre estos cambios, los geólogos miran el interior de las rocas y las leen como si fueran un libro de historia que se remonta 4,000 millones de años. Las rocas muestran que los lugares que están ahora lejos del ecuador tuvieron desiertos calurosos, y que los arrecifes de coral tropicales medraron en las playas de Europa. Las posiciones de los continentes influyeron en el movimiento de las masas de aire y en los patrones climáticos. Cuando todos los continentes estaban juntos como Pangea (págs. 34-35), no caía mucha lluvia en el interior, que era casi un desierto. Las rocas también indican que en los últimos dos millones de años los glaciares cubrían gran parte del mundo (págs. 58-59). Otra razón del cambio climático es la posición de la Tierra en su órbita respecto al Sol.

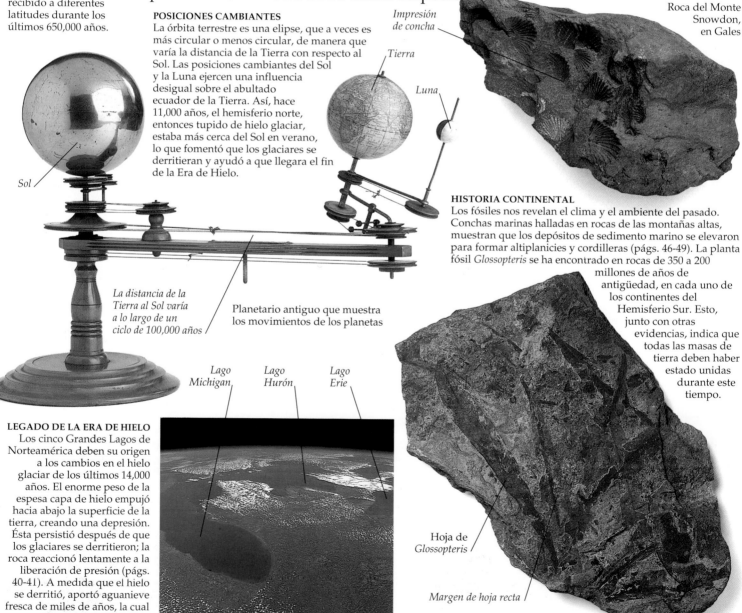

**POSICIONES CAMBIANTES**
La órbita terrestre es una elipse, que a veces es más circular o menos circular, de manera que varía la distancia de la Tierra con respecto al Sol. Las posiciones cambiantes del Sol y la Luna ejercen una influencia desigual sobre el abultado ecuador de la Tierra. Así, hace 11,000 años, el hemisferio norte, entonces tupido de hielo glaciar, estaba más cerca del Sol en verano, lo que fomentó que los glaciares se derritieran y ayudó a que llegara el fin de la Era de Hielo.

*Impresión de concha*

*Tierra*

*Luna*

*Sol*

*La distancia de la Tierra al Sol varía a lo largo de un ciclo de 100,000 años*

Planetario antiguo que muestra los movimientos de los planetas

Roca del Monte Snowdon, en Gales

**HISTORIA CONTINENTAL**
Los fósiles nos revelan el clima y el ambiente del pasado. Conchas marinas halladas en rocas de las montañas altas, muestran que los depósitos de sedimento marino se elevaron para formar altiplanicies y cordilleras (págs. 46-49). La planta fósil *Glossopteris* se ha encontrado en rocas de 350 a 200 millones de años de antigüedad, en cada uno de los continentes del Hemisferio Sur. Esto, junto con otras evidencias, indica que todas las masas de tierra deben haber estado unidas durante este tiempo.

**LEGADO DE LA ERA DE HIELO**
Los cinco Grandes Lagos de Norteamérica deben su origen a los cambios en el hielo glaciar de los últimos 14,000 años. El enorme peso de la espesa capa de hielo empujó hacia abajo la superficie de la tierra, creando una depresión. Ésta persistió después de que los glaciares se derritieron; la roca reaccionó lentamente a la liberación de presión (págs. 40-41). A medida que el hielo se derritió, aportó aguanieve fresca de miles de años, la cual se estancó y formó lagos en la depresión.

*Lago Michigan*

*Lago Hurón*

*Lago Erie*

Hoja de *Glossopteris*

*Margen de hoja recta*

Esquisto de la India

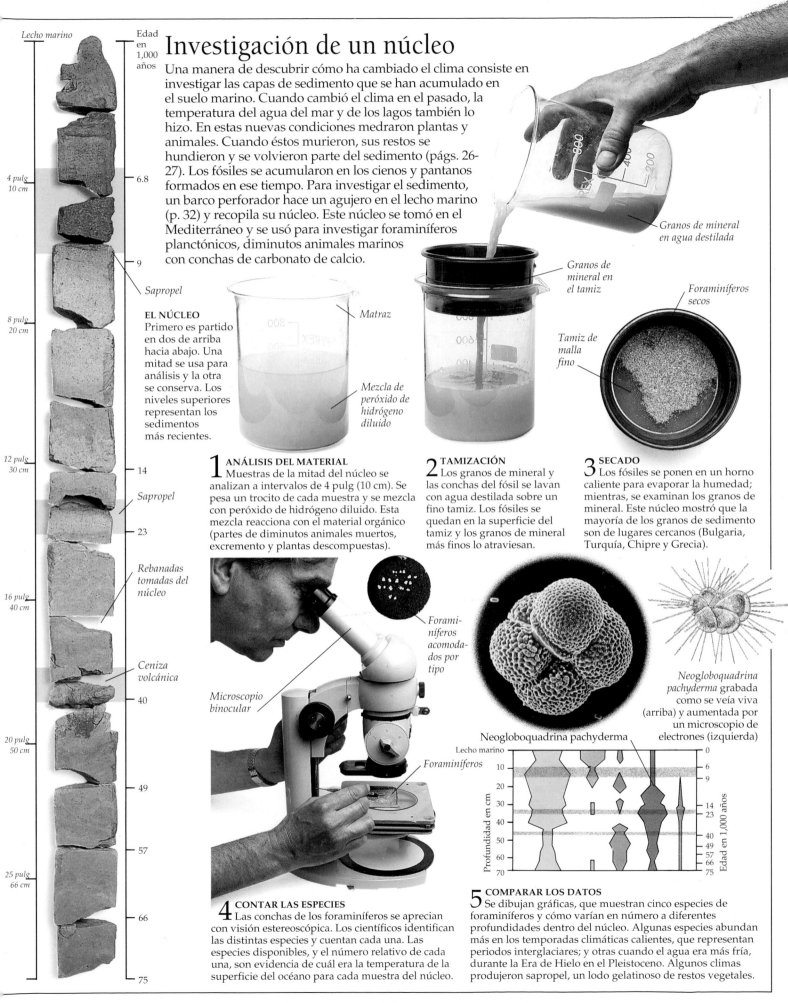

# Investigación de un núcleo

Una manera de descubrir cómo ha cambiado el clima consiste en investigar las capas de sedimento que se han acumulado en el suelo marino. Cuando cambió el clima en el pasado, la temperatura del agua del mar y de los lagos también lo hizo. En estas nuevas condiciones medraron plantas y animales. Cuando éstos murieron, sus restos se hundieron y se volvieron parte del sedimento (págs. 26-27). Los fósiles se acumularon en los cienos y pantanos formados en ese tiempo. Para investigar el sedimento, un barco perforador hace un agujero en el lecho marino (p. 32) y recopila su núcleo. Este núcleo se tomó en el Mediterráneo y se usó para investigar foraminíferos planctónicos, diminutos animales marinos con conchas de carbonato de calcio.

**Lecho marino**

**Edad en 1,000 años**

4 pulg / 10 cm — 6.8

— 9

*Sapropel*

8 pulg / 20 cm

12 pulg / 30 cm — 14

*Sapropel* — 23

*Rebanadas tomadas del núcleo*

16 pulg / 40 cm

*Ceniza volcánica* — 40

20 pulg / 50 cm — 49

— 57

25 pulg / 66 cm — 66

— 75

*Granos de mineral en agua destilada*

*Granos de mineral en el tamiz*

*Foraminíferos secos*

**EL NÚCLEO**
Primero es partido en dos de arriba hacia abajo. Una mitad se usa para análisis y la otra se conserva. Los niveles superiores representan los sedimentos más recientes.

*Matraz*

*Mezcla de peróxido de hidrógeno diluido*

*Tamiz de malla fino*

**1 ANÁLISIS DEL MATERIAL**
Muestras de la mitad del núcleo se analizan a intervalos de 4 pulg (10 cm). Se pesa un trocito de cada muestra y se mezcla con peróxido de hidrógeno diluido. Esta mezcla reacciona con el material orgánico (partes de diminutos animales muertos, excremento y plantas descompuestas).

**2 TAMIZACIÓN**
Los granos de mineral y las conchas del fósil se lavan con agua destilada sobre un fino tamiz. Los fósiles se quedan en la superficie del tamiz y los granos de mineral más finos lo atraviesan.

**3 SECADO**
Los fósiles se ponen en un horno caliente para evaporar la humedad; mientras, se examinan los granos de mineral. Este núcleo mostró que la mayoría de los granos de sedimento son de lugares cercanos (Bulgaria, Turquía, Chipre y Grecia).

*Foraminíferos acomodados por tipo*

*Microscopio binocular*

*Foraminíferos*

**4 CONTAR LAS ESPECIES**
Las conchas de los foraminíferos se aprecian con visión estereoscópica. Los científicos identifican las distintas especies y cuentan cada una. Las especies disponibles, y el número relativo de cada una, son evidencia de cuál era la temperatura de la superficie del océano para cada muestra del núcleo.

*Neogloboquadrina pachyderma* grabada como se veía viva (arriba) y aumentada por un microscopio de electrones (izquierda)

Neogloboquadrina pachyderma

Lecho marino — 0

Profundidad en cm / Edad en 1,000 años

10 — 6
20 — 9
30 — 14
40 — 23
50 — 40
60 — 49 / 57 / 66
70 — 75

**5 COMPARAR LOS DATOS**
Se dibujan gráficas, que muestran cinco especies de foraminíferos y cómo varían en número a diferentes profundidades dentro del núcleo. Algunas especies abundan más en los temporadas climáticas calientes, que representan periodos interglaciares; y otras cuando el agua era más fría, durante la Era de Hielo en el Pleistoceno. Algunos climas produjeron sapropel, un lodo gelatinoso de restos vegetales.

# El planeta acuoso

MÁS DE TRES CUARTAS PARTES de la superficie de la Tierra están cubiertas por agua. Sería más lógico llamar al planeta "Agua", en vez de "Tierra". Aun con los continentes repartidos como están hoy, un gran océano domina la mitad del globo. De la lluvia que cae sobre la tierra, apenas más de un tercio corre hacia los ríos y regresa rápidamente al mar. Las otras dos terceras partes penetran el suelo y la roca debajo de él, y se mantienen durante años o incluso decenas de miles de años como agua subterránea. Es ésta la que alimenta los manantiales y pozos, y mantiene los ríos en tiempos de sequía. Toda el agua participa en un flujo infinito del océano a la atmósfera y de los ríos a las rocas subterráneas, para regresar siempre al océano. Este gran viaje se llama ciclo del agua. La hidrología estudia cómo se mueve el agua de un lugar a otro, y los hidrogeólogos estudian específicamente el movimiento del agua subterránea.

*Océano Pacífico*

**PLANETA AZUL**
Vista desde un satélite arriba del océano Pacífico, la Tierra parece casi completamente cubierta de agua. Unas cuantas cadenas de islas salpican la superficie acuosa. El Pacífico es tan grande, que toda el área de tierra firme del planeta podría caber ahí. Los océanos superan en profundidad la altura de la tierra.

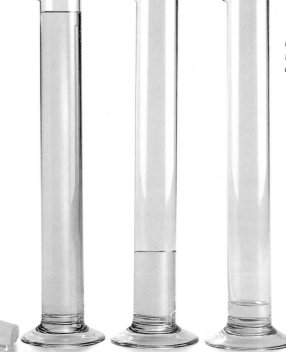

*El agua se evapora de los bosques, campos, lagos y ríos para convertirse en nubes*

*Las nubes se elevan y se enfrían sobre la tierra, soltando humedad en forma de lluvia o nieve*

*El agua se evapora de los océanos y forma las nubes*

*Parte del agua corre sobre la superficie de la tierra hacia los ríos y los lagos*

*Otra parte penetra en la tierra y se mueve lentamente de regreso al océano*

**CICLO DEL AGUA**
El agua es un fluido que se mueve continuamente de un lugar a otro, en parte porque cambia de líquido a vapor, y viceversa. La temperatura del Sol calienta el agua del mar cerca de la superficie, y algunas moléculas se calientan lo suficiente para evaporarse (p. 16). Dichas moléculas energéticas escapan del océano y se convierten en vapor de agua, que se acumula en las nubes. Cuando éstas se enfrían ya no pueden conservar el agua como vapor, así que las gotas se condensan y caen como lluvia o nieve. Debido a la distribución de la tierra y el océano, la mayor parte de la lluvia cae directo a éste para repetir el ciclo. La que cae en la tierra es usada por plantas y animales. Otra se junta en lagos y ríos, y regresa al océano. Alguna de la que cae en la tierra tarda en volver al océano, pues viaja lentamente a través de poros y grietas en las rocas subterráneas.

**CANTIDADES DE AGUA**
La mayor parte del agua del mundo es salada. Menos de 6 por ciento corresponde al agua fresca de los ríos y los lagos, el agua subterránea en las rocas y la humedad de la atmósfera. Parte del agua fresca se confina temporalmente en capas de hielo y glaciares. Desde el fin de la última Era de Hielo, se ha ido derritiendo y elevado el nivel global del mar a decenas de metros. Si el clima sigue calentándose, dentro de cientos o miles de años el hielo restante podría derretirse y elevar el nivel del mar unas decenas de metros más.

Agua de océano 94%

Agua subterránea 4.34%

Capas de hielo y glaciares 1.65%

Ríos y lagos 0.01%

Vapor de agua

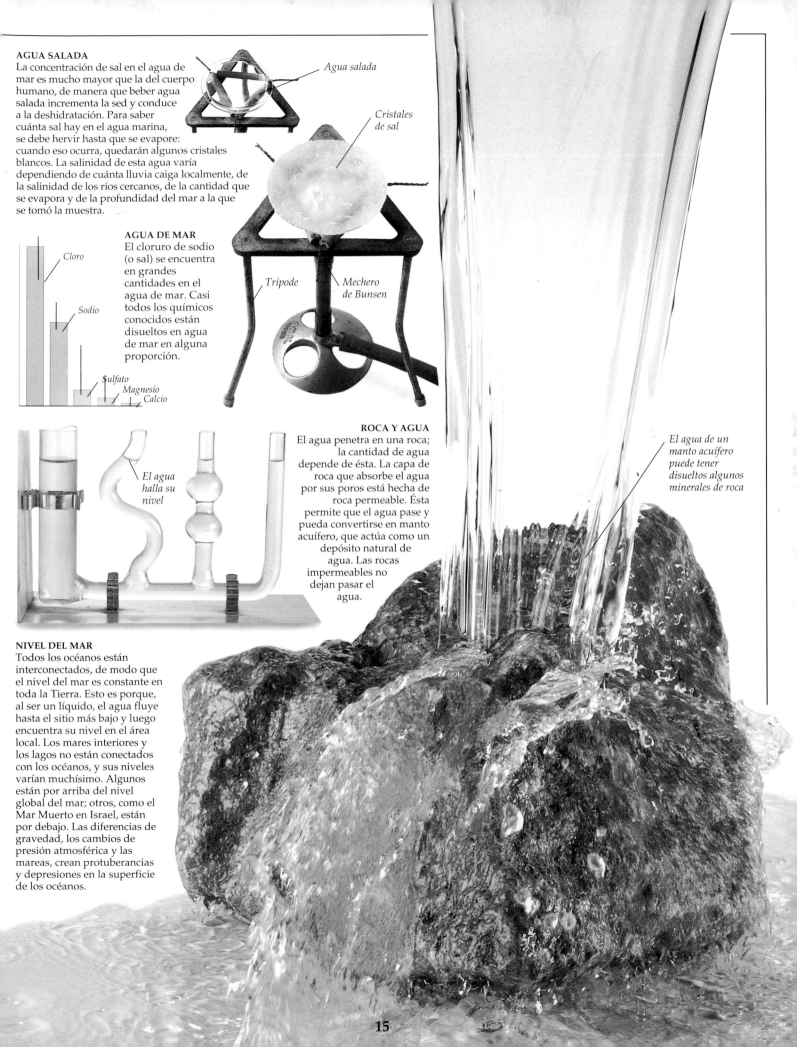

## AGUA SALADA

La concentración de sal en el agua de mar es mucho mayor que la del cuerpo humano, de manera que beber agua salada incrementa la sed y conduce a la deshidratación. Para saber cuánta sal hay en el agua marina, se debe hervir hasta que se evapore: cuando eso ocurra, quedarán algunos cristales blancos. La salinidad de esta agua varía dependiendo de cuánta lluvia caiga localmente, de la salinidad de los ríos cercanos, de la cantidad que se evapora y de la profundidad del mar a la que se tomó la muestra.

*Agua salada*

*Cristales de sal*

*Cloro*

*Sodio*

*Sulfato*

*Magnesio*

*Calcio*

## AGUA DE MAR

El cloruro de sodio (o sal) se encuentra en grandes cantidades en el agua de mar. Casi todos los químicos conocidos están disueltos en agua de mar en alguna proporción.

*Trípode*

*Mechero de Bunsen*

*El agua halla su nivel*

## ROCA Y AGUA

El agua penetra en una roca; la cantidad de agua depende de ésta. La capa de roca que absorbe el agua por sus poros está hecha de roca permeable. Ésta permite que el agua pase y pueda convertirse en manto acuífero, que actúa como un depósito natural de agua. Las rocas impermeables no dejan pasar el agua.

*El agua de un manto acuífero puede tener disueltos algunos minerales de roca*

## NIVEL DEL MAR

Todos los océanos están interconectados, de modo que el nivel del mar es constante en toda la Tierra. Esto es porque, al ser un líquido, el agua fluye hasta el sitio más bajo y luego encuentra su nivel en el área local. Los mares interiores y los lagos no están conectados con los océanos, y sus niveles varían muchísimo. Algunos están por arriba del nivel global del mar; otros, como el Mar Muerto en Israel, están por debajo. Las diferencias de gravedad, los cambios de presión atmosférica y las mareas, crean protuberancias y depresiones en la superficie de los océanos.

# Las propiedades del agua

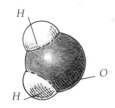

**UNIDADES DE AGUA**
El agua está hecha de oxígeno e hidrógeno. Sus moléculas se unen para formar conjuntos de moléculas de agua, con un vínculo especial llamado enlace de hidrógeno. Esto hace que las moléculas se junten de manera que, a temperatura ambiente, el agua forma gotas en vez de flotar como gas.

**FÁBRICA DE GOTAS**
La tensión superficial del agua es la habilidad de la superficie de encogerse y "envolver" al agua, para mantener junto el contenido. La humedad adherida del agua también es resultado de la tensión superficial. La fuerza que ejerce la superficie para mantener unida el agua es suficiente para permitir que ésta empape y moje una toalla o filtro de papel cuando se sumergen en ella.

EL AGUA ES UN LÍQUIDO INUSUAL debido a la manera en que se unen sus moléculas. Un efecto de esta unión es su rara densidad. La mayoría de las sustancias ocupan un espacio más pequeño –se hacen más densas– al enfriarse, pero el agua es más densa a 39.2 °F (4 °C). Debajo de esta temperatura, su densidad es menor. El hielo a 32 °F (0 °C) es menos denso que el agua a 32 °F; por eso flota en el agua. El agua usa una gran cantidad de calor para pasar del estado líquido al gaseoso y del sólido al líquido. La temperatura constante de la Tierra se mantiene sobre todo por las características del agua. Ésta también tiene una alta tensión en la superficie, que ayuda a formar gotas de lluvia en la atmósfera, y la capacidad de atravesar rocas y tierra. El agua disuelve varias sustancias con cierta facilidad. Su capacidad para lograrlo afecta la resistencia de las rocas que están a la intemperie (págs. 50-51), dado que algunos de los elementos químicos de éstas se disuelven durante la erosión.

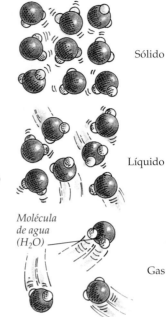

Sólido

Líquido

*Molécula de agua ($H_2O$)*

Gas

**SÓLIDO, LÍQUIDO Y GASEOSO**
La mayoría de las sustancias mantienen una disposición uniforme cuando están en estado sólido. En forma de líquido, la disposición ordenada se rompe y las moléculas se espacian más. Al aumentar el calor, los espacios se hacen mayores, hasta que finalmente las moléculas se separan tanto que la sustancia se vuelve un gas. Cuando el agua se enfría a 39.2 °F (4 °C), o el agua fría se calienta a 39.2 °F, las moléculas se compactan para ocupar menos espacio. El agua alcanza su máxima densidad a esta temperatura.

*El agua se mantiene en gotas*

## BARQUERA DE AGUA
Cuando la araña barquera (*Dolomedes fimbriatus*) se posa sobre un estanque, su peso y la manera en que éste se distribuye entre sus patas es menor al efecto de cohesión de la tensión superficial del agua, así que flota. La superficie del agua se curva alrededor de sus patas. Este efecto explica cómo el agua moja las cosas. Al mantenerse unida su superficie, rodea las fibras, granos de roca o tierra con los que entra en contacto.

*El huevo se hunde en el agua común*

*El huevo flota en el agua salada*

*Curva en la superficie del agua*

*Tinte verde agregado al agua*

## ACCIÓN CAPILAR
Si se coloca un tubo delgado verticalmente en el agua, ésta se elevará dentro de él. Hay una curva ascendente de la superficie del agua donde el líquido toca el tubo. Mientras más delgado es éste, más se eleva el agua, pues la tensión superficial mantiene unida a la superficie curvada. El agua penetra la tierra y las rocas, y baja debido a la fuerza de gravedad, pero también sube entre las rocas debido a esta acción capilar. La superficie se mantiene unida a medida que el agua envuelve cada grano de una roca. Así, el agua puede subir a través de la tierra y la roca, y evaporarse en la superficie (p. 14).

## HUEVOS FLOTANTES
La densidad del agua cambia cuando hay sal disuelta en ella. Un huevo se hunde en agua fresca, lo que indica que tiene una densidad mayor que la del agua. El agua salada es más densa, y cuando la cantidad de sal –la salinidad– es lo suficientemente alta, el huevo flota. La densidad variable del agua de mar es uno de los factores que impulsa a las corrientes de agua que hacen circular el agua en los océanos.

*Peso*

## MEDIR LA DENSIDAD
Un hidrómetro es un instrumento que mide la densidad de un líquido. Se coloca verticalmente, y se hunde más en los líquidos menos densos. Luego se le adhieren pesas y se toman las lecturas. Éste fue usado para medir el contenido de alcohol de las bebidas y calcular el impuesto.

*Ácido*

*Bulbo de flotación*

Hidrómetro

## CUEVAS DE PIEDRA CALIZA
El hidrógeno y el oxígeno que forman el agua se unen de tal manera que la molécula tiene una carga positiva en un extremo y una negativa en el otro. Esto facilita que el agua atraiga otras sustancias cargadas, y lo hace al disolverlas. Disuelve la piedra caliza para hacer cuevas. Después, los químicos disueltos pueden convertirse en estalagmitas y estalactitas (p. 51).

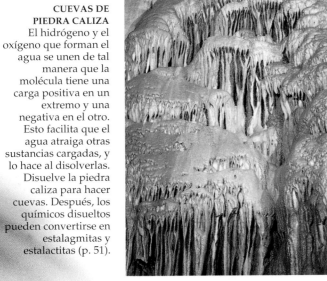

Cuevas de piedra caliza en Lascaux, Francia

*Emisión de gas de bióxido de carbono*

## LLUVIA ÁCIDA
El agua pura no es ácida ni alcalina. El papel indicador que se pone en el agua pura o destilada muestra que es neutral. El agua de lluvia siempre es ácida, pues contiene bióxido de carbono. Cuando las gotas de lluvia caen a través de la atmósfera, disuelven algo de bióxido de carbono del aire; esto hace que la lluvia sea un ácido débil. En este experimento, el gas de bióxido de carbono se logra agregando ácido a partículas de carbonato de calcio. El gas pasa por agua destilada, que luego se vuelve ácida. La lluvia ácida es un agente erosivo; puede disolver la piedra caliza, aunque lentamente.

*El papel indicador está neutral*

*El papel indicador muestra una ligera acidez*

*Agua destilada*

*Carbonato de calcio*

*Ácido carbónico*

# El reino del hielo

**LOUIS AGASSIZ (1807-1873)**
En 1837, el zoólogo suizo Agassiz expuso la idea de que alguna vez Europa del Norte estuvo cubierta con glaciares, que transportaron las piedras que se esparcieron por los valles montañosos de Suiza, similares a las que se encuentran en la parte más alta de los valles.

MUCHAS DE LAS ALTAS CORDILLERAS DEL MUNDO aún tienen glaciares (págs. 58-59). Éstos y las capas de hielo eran más extensos en las fases glaciales de los últimos dos millones de años. La Tierra parece estar ahora en un periodo interglacial en el que Groenlandia y la Antártida son las únicas tierras cubiertas en gran parte con hielo (los restos de la última fase fría). La capa de hielo de la Antártida quizá apareció hace 35 millones de años, cuando éste se desprendió de otras áreas de tierra (págs. 30-31). Esto permitió la circulación de corrientes oceánicas alrededor de la Antártida, que fue aislada del calor de las aguas oceánicas tropicales (p. 33). El agua que forma hielo proviene de la nieve que cae y se compacta. Y ésta proviene del agua evaporada de los océanos (p. 14), lo que hace descender el nivel del mar. Cuando los glaciares y las capas de hielo se derriten, el nivel del mar se eleva de nuevo.

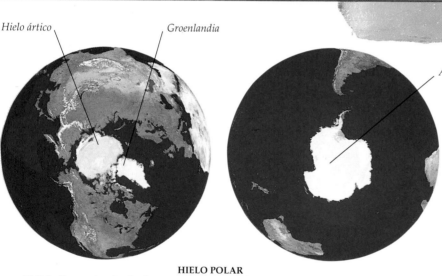

*Hielo ártico*     *Groenlandia*     *Antártida*

**HIELO POLAR**
El Polo Sur está rodeado de espeso hielo que cubre el continente de la Antártida con una profundidad promedio de 1.5 millas (2.5 km). Una pequeña fracción de la capa de hielo de la Antártida se extiende más allá de la tierra y flota en el océano Antártico. En contraste, el Polo Norte carece de tierra; se trata de una masa de hielo flotante. Es posible viajar en submarino al Polo Norte debajo de este hielo.

**ICEBERGS**
Los icebergs están hechos de hielo de agua dulce que llega al mar al deshacerse los glaciares o al separarse trozos de la parte flotante de una capa de hielo. Una pequeña parte del hielo flota encima del agua salada (p. 15), mientras que la extensa masa del inferior no se ve. Dado que los icebergs provienen de la tierra, contienen fragmentos de piedras que el glaciar o la capa de hielo han arrancado de la roca sólida. Ésta hace que los icebergs sean pesados y puedan flotar incluso en el mar. La mayoría de los icebergs de la Antártida provienen del hielo flotante que rodea el continente.

**HIELO MARINO**
Explorar las regiones polares significa enfrentarse al hielo marino y a los icebergs. Los barcos polares siguen los "caminos" en mar abierto, a lo largo de la masa de hielo. Sus cascos los ayudan a abrirse paso y evitan que se rompan si el hielo se congela alrededor de ellos. El hielo flotante de ambos hemisferios se llama banco de témpanos y la cantidad varía en el verano y el invierno.

Nacimiento de un iceberg

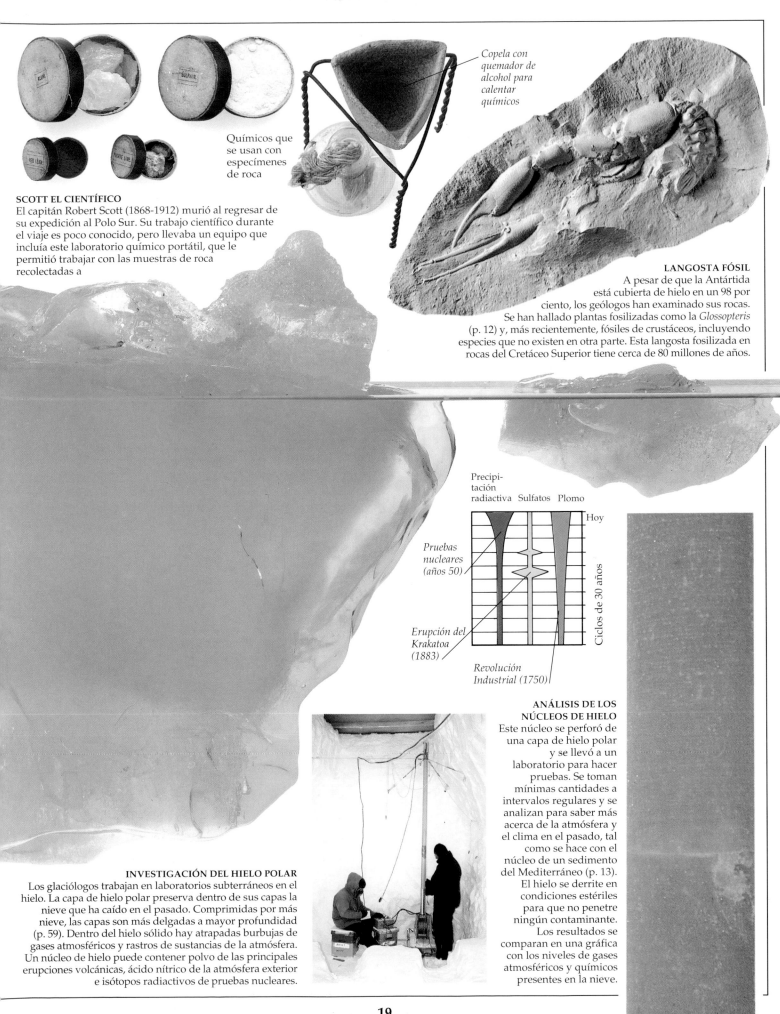

**SCOTT EL CIENTÍFICO**
El capitán Robert Scott (1868-1912) murió al regresar de
su expedición al Polo Sur. Su trabajo científico durante
el viaje es poco conocido, pero llevaba un equipo que
incluía este laboratorio químico portátil, que le
permitió trabajar con las muestras de roca
recolectadas a

Químicos que
se usan con
especímenes
de roca

*Copela con
quemador de
alcohol para
calentar
químicos*

**LANGOSTA FÓSIL**
A pesar de que la Antártida
está cubierta de hielo en un 98 por
ciento, los geólogos han examinado sus rocas.
Se han hallado plantas fosilizadas como la *Glossopteris*
(p. 12) y, más recientemente, fósiles de crustáceos, incluyendo
especies que no existen en otra parte. Esta langosta fosilizada en
rocas del Cretáceo Superior tiene cerca de 80 millones de años.

Precipi-
tación
radiactiva  Sulfatos  Plomo

Hoy

*Pruebas
nucleares
(años 50)*

Ciclos de 30 años

*Erupción del
Krakatoa
(1883)*

*Revolución
Industrial (1750)*

**ANÁLISIS DE LOS
NÚCLEOS DE HIELO**
Este núcleo se perforó de
una capa de hielo polar
y se llevó a un
laboratorio para hacer
pruebas. Se toman
mínimas cantidades a
intervalos regulares y se
analizan para saber más
acerca de la atmósfera y
el clima en el pasado, tal
como se hace con el
núcleo de un sedimento
del Mediterráneo (p. 13).
El hielo se derrite en
condiciones estériles
para que no penetre
ningún contaminante.
Los resultados se
comparan en una gráfica
con los niveles de gases
atmosféricos y químicos
presentes en la nieve.

**INVESTIGACIÓN DEL HIELO POLAR**
Los glaciólogos trabajan en laboratorios subterráneos en el
hielo. La capa de hielo polar preserva dentro de sus capas la
nieve que ha caído en el pasado. Comprimidas por más
nieve, las capas son más delgadas a mayor profundidad
(p. 59). Dentro del hielo sólido hay atrapadas burbujas de
gases atmosféricos y rastros de sustancias de la atmósfera.
Un núcleo de hielo puede contener polvo de las principales
erupciones volcánicas, ácido nítrico de la atmósfera exterior
e isótopos radiactivos de pruebas nucleares.

# Elementos de construcción

Más de 100 elementos químicos se combinan para componer toda materia. Un elemento contiene un solo tipo de átomo, pero átomos de distintos elementos pueden unirse para crear una variedad de sustancias llamadas compuestos. Esto lo hacen al unirse (enlazarse) de diferentes maneras para formar moléculas. Unos cuantos elementos constituyen casi todos los tipos de compuestos naturales llamados minerales, que a su vez crean las rocas. La mayoría de las rocas de la corteza terrestre están compuestas sólo por ocho elementos químicos: oxígeno, silicio, aluminio, hierro, calcio, magnesio, sodio y potasio. El silicio y el oxígeno se combinan en silicatos, los cuales representan 75 por ciento de las rocas de la Tierra. La mayoría de los minerales son cristalinos, pues los átomos que componen los cristales están dispuestos ordenadamente. El trabajo de los minerólogos es entender qué son los minerales, dónde se encuentran y para qué sirven.

## ORO EN LA NATURALEZA
El oro es tanto un elemento como un mineral. Se le encuentra en la naturaleza en estado casi puro, muchas veces en las vetas de las rocas. El oro natural más puro lo es en un 99%. Para fines comerciales, frecuentemente se alea con plata. Forma cristales cúbicos y tiene un lustre metálico. Es pesado, pero no duro; se puede cortar fácilmente con un cuchillo.

## MEDALLÓN DE SILICIO
El elemento químico silicio no se encuentra en la naturaleza. Siempre se halla como un silicato combinado con oxígeno, y se requiere mucha energía química para separarlo de éste en un laboratorio. Cuando se separó por primera vez, fue considerado una sustancia exótica. La pieza se montó en un medallón. Hoy, se crea comercialmente para la industria electrónica, donde es la materia prima del microprocesador.

Nuevo México, EUA

## ELEMENTOS EN LA CORTEZA TERRESTRE
La corteza, o litosfera, es la capa externa de la superficie terrestre (págs. 6-7). Los átomos de oxígeno son tan grandes que casi toda la corteza está compuesta por ellos; el resto de los elementos sólo llena espacios. Los átomos de silicio caben bien entre cuatro átomos de oxígeno. Por lo tanto, los elementos más abundantes en la corteza son aquellos que se combinan sin dificultad con el silicio y el oxígeno, relativamente ligeros, para hacer silicatos. Éstos se acomodan en los espacios físicos de la estructura del silicio y constituyen los minerales que forman las rocas, como los feldespatos, los piroxenos, los anfíboles, los olivinos y las micas.

## SILICATOS DIFERENTES
Dos silicatos muy diferentes son el berilo y el talco, un resbaloso polvo blanco cosmético. El talco es un silicato de magnesio, cristalizado con agua en su estructura. El berilo existe en varios colores; la variedad verde brillante que se encuentra en los cristales claros y duros es la apreciada esmeralda. El berilo es un silicato con aluminio, combinado con el raro elemento berilio.

Aluminio
Calcio
Hierro
Otros
Oxígeno
Silicio

Elementos en la corteza terrestre

## DESIERTO DE ARENAS BLANCAS
Esta arena blanca está hecha de un mineral, el yeso, que ha sido desgastado por el viento (págs. 50-51). El mineral se compone de calcio, en combinación con azufre y oxígeno, para producir sulfato de calcio químico. En la naturaleza, los cristales de sulfato de calcio contienen un poco de agua, y esta combinación constituye el mineral yeso. Los cristales de yeso son suaves, incluso se pueden rayar con la uña. El yeso forma cristales incoloros, transparentes y algunas veces blancos.

## SILICATOS
El silicio y el oxígeno se combinan para formar el cuarzo, el cual comúnmente aparece como arena. En los silicatos, cada átomo de silicio está rodeado por cuatro átomos de oxígeno, pero éste puede ser compartido por silicios vecinos. Así se forma su estructura.

Si
O
O
O
O

Berilo

Talco

# Diferenciar los minerales

A primera vista, la calcita, el yeso y el cuarzo parecen similares. Los tres pueden ser cristales incoloros y transparentes. Todos se usan en la industria de maneras distintas, por lo que es importante diferenciarlos unos de otros. Los minerales se distinguen por su apariencia, su color y su transparencia (si es posible ver una imagen a través de ellos): translúcida (si permiten pasar la luz) u opaca (no entra luz en el cristal). Otras propiedades importantes son la dureza, el brillo, la raspadura (el color del polvo que hacen), la densidad y la forma del cristal. En un laboratorio se pueden hacer pruebas más complejas (p. 23).

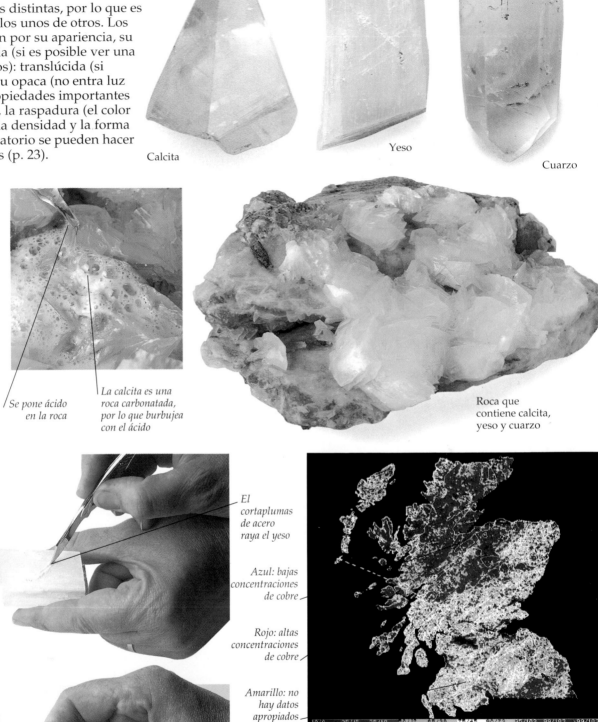

Calcita

Yeso

Cuarzo

### ¿CUÁL MINERAL?
Para determinar los minerales en un pedazo de roca, el geólogo la vería a través de una lupa con el fin de observar la forma, la textura, el brillo y el color del cristal. Luego haría la prueba del ácido.

### 1 PRUEBA DEL ÁCIDO
El ácido clorhídrico diluido se vierte en el área a probar. Las rocas carbonatadas despiden bióxido de carbono al entrar en contacto con el ácido. Esto identifica a la calcita.

*Se pone ácido en la roca*

*La calcita es una roca carbonatada, por lo que burbujea con el ácido*

Roca que contiene calcita, yeso y cuarzo

### 2 PRUEBA DE DUREZA
La dureza de los minerales por lo general se mide con la escala de Mohs; la del talco es 1 (el más suave) y la del diamante, 10 (el material más duro que se conoce). En este caso, se utiliza un cortaplumas de acero. El acero tiene una dureza de casi 6, así que el cuarzo, que tiene una de 7, no se raya con el cortaplumas como lo hacen la calcita y el yeso. El yeso es más suave que la calcita y se raya fácilmente. Es tan suave que se puede rayar con la uña (su dureza es de 2).

*El cortaplumas de acero raya el yeso*

*Azul: bajas concentraciones de cobre*

*Rojo: altas concentraciones de cobre*

*Amarillo: no hay datos apropiados*

### 3 ENCONTRAR CUARZO
Otra sustancia útil para medir la dureza es el vidrio de las ventanas (5 en la escala de Mohs). La calcita es más suave que este vidrio (tiene una dureza de 3), así que no lo rayará. Tampoco lo hará el yeso, con 2 en la escala. El cuarzo es el único de los tres que raya el vidrio. De este modo, las pruebas de dureza confirman la presencia de los tres minerales.

*El cuarzo raya el vidrio*

### CONCENTRACIONES DE COBRE EN ESCOCIA
La cantidad de distintos minerales en los sedimentos de los ríos se calcula tomando una muestra cada kilómetro. Los resultados se guardan en una computadora y se muestran en un mapa. Éste puede revelar concentraciones de cobre y usarse para exploraciones minerales y para verificar si hay contaminación. Aquí, los niveles altos de cobre se indican con rojo oscuro. Las lavas de las Islas Hébridas, de hace 60 millones de años, son ricas en cobre, como también lo son las regiones de granito en las tierras altas de Escocia. El cobre también abunda en áreas industriales, donde no hay relación con las rocas subyacentes; la concentración es el resultado directo de la actividad humana.

# Investigar rocas

EL PRIMER LIBRO SISTEMÁTICO DE MINERALOGÍA fue escrito por Agrícola (p. 8), en el siglo XVI. Redactado en latín, se llamó *De Natura Fossilium*. Entonces, la palabra "fósil" significaba "objetos desenterrados", e incluía sobre todo minerales y rocas. Agricola basó sus escritos en sus observaciones, en vez de usar el razonamiento especulativo que caracterizó a los antiguos griegos y a los alquimistas. En el siglo XVIII, la Ilustración animó a muchos pensadores a reflexionar sobre el origen de la Tierra y las rocas. Se desencadenó una controversia entre los neptunistas, dirigidos por Abraham Werner, y los plutonistas, guiados por James Hutton (p. 8). Estos últimos creían que el origen de algunas rocas era, sin duda, volcánico. Los científicos de Europa se dividieron en dos grupos. A fines del siglo XVIII fue más fácil viajar, lo cual les permitía observar directamente muchos tipos de rocas, en distintos lugares. En 1830, Charles Lyell (p. 62) publicó sus *Principios de geología*. Y este libro influyó a otros geólogos que apoyaron sus teorías sobre la naturaleza lenta y gradual de los procesos de la Tierra.

**JAMES DANA**
James Dana (1813-1895) fue un geólogo estadounidense conocido por su *Sistema de mineralogía* (1837). Él sugirió que el paisaje era moldeado por las fuerzas progresivas de los elementos naturales y la erosión. Sus predecesores creían que ciertos eventos catastróficos, como los terremotos, eran los responsables.

Neptuno, el dios romano del mar

**ROCAS DEL AGUA**
Abraham Werner (1750-1817) fue un geólogo alemán que impulsó las ideas del neptunismo. Los neptunistas se oponían a los plutonistas (p. 8). Los neptunistas creían que los químicos que formaban las rocas habían estado disueltos en el agua de los océanos, y que todas las rocas, incluyendo el basalto, provenían de esa solución. La fama de Werner se difundió debido a la elocuencia de su enseñanza.

## Geólogos en el campo

Los geólogos se dividen en varias categorías, como paleontólogos, petrólogos y geoquímicos; todos estudian la Tierra, y el lugar ideal para hacerlo son las rocas. En el campo de acción, los geólogos escriben sus observaciones, toman fotos y recolectan muestras. Éstas se etiquetan y envuelven para transportarlas al laboratorio.

Martillo de geólogo

Abraham Werner

Lupa manual

**HERRAMIENTAS DEL OFICIO**
Los geólogos usan un martillo para obtener muestras del lecho rocoso. Así se asegura que las muestras recogidas provengan de las rocas del lugar del cual se está trazando el mapa. El martillo pequeño se usa para obtener muestras. El cincel ayuda a partir las rocas. La lupa se utiliza para observar, detalladamente, la textura de la roca y para ver si contiene fósiles.

Martillo desbastador

Cincel

Cincel

**MAPA DE SMITH (1819)**
Los primeros mapas geológicos se publicaron a principios del siglo XIX. Los mapas geológicos muestran relieves como montañas y caminos, así como las diferentes rocas de la superficie, y utilizan distintos colores para identificar la edad de éstas. William Smith (p. 26) publicó el primer mapa geológico de Gran Bretaña en 1815.

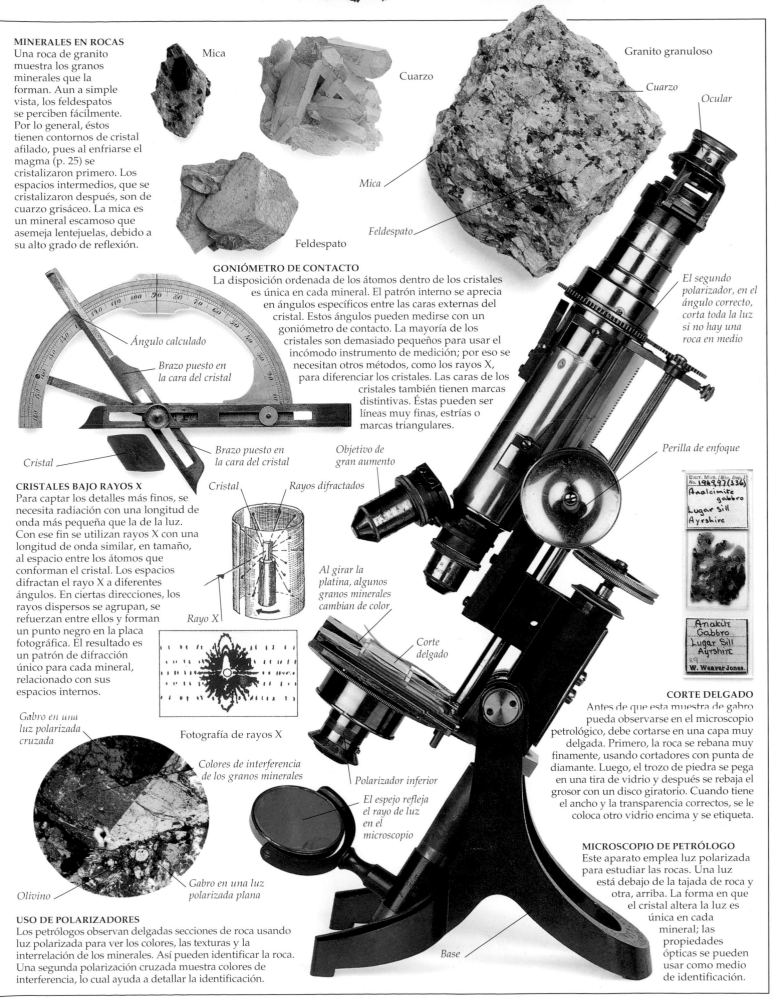

## MINERALES EN ROCAS

Una roca de granito muestra los granos minerales que la forman. Aun a simple vista, los feldespatos se perciben fácilmente. Por lo general, éstos tienen contornos de cristal afilado, pues al enfriarse el magma (p. 25) se cristalizaron primero. Los espacios intermedios, que se cristalizaron después, son de cuarzo grisáceo. La mica es un mineral escamoso que asemeja lentejuelas, debido a su alto grado de reflexión.

Mica

Cuarzo

Feldespato

Granito granuloso

Cuarzo

Ocular

Mica

Feldespato

## GONIÓMETRO DE CONTACTO

La disposición ordenada de los átomos dentro de los cristales es única en cada mineral. El patrón interno se aprecia en ángulos específicos entre las caras externas del cristal. Estos ángulos pueden medirse con un goniómetro de contacto. La mayoría de los cristales son demasiado pequeños para usar el incómodo instrumento de medición; por eso se necesitan otros métodos, como los rayos X, para diferenciar los cristales. Las caras de los cristales también tienen marcas distintivas. Éstas pueden ser líneas muy finas, estrías o marcas triangulares.

Ángulo calculado

Brazo puesto en la cara del cristal

Cristal

Brazo puesto en la cara del cristal

Objetivo de gran aumento

El segundo polarizador, en el ángulo correcto, corta toda la luz si no hay una roca en medio

Perilla de enfoque

## CRISTALES BAJO RAYOS X

Para captar los detalles más finos, se necesita radiación con una longitud de onda más pequeña que la de la luz. Con ese fin se utilizan rayos X con una longitud de onda similar, en tamaño, al espacio entre los átomos que conforman el cristal. Los espacios difractan el rayo X a diferentes ángulos. En ciertas direcciones, los rayos dispersos se agrupan, se refuerzan entre ellos y forman un punto negro en la placa fotográfica. El resultado es un patrón de difracción único para cada mineral, relacionado con sus espacios internos.

Cristal

Rayos difractados

Rayo X

Al girar la platina, algunos granos minerales cambian de color

Fotografía de rayos X

BRIT. MUS. (Min. Dep.)
No. 1949.97 (336)
Analcimite
gabbro
Lugar Sill
Ayrshire

Analcite
Gabbro
Lugar Sill
Ayrshire
W. Weaver Jones

Corte delgado

## CORTE DELGADO

Antes de que esta muestra de gabro pueda observarse en el microscopio petrológico, debe cortarse en una capa muy delgada. Primero, la roca se rebana muy finamente, usando cortadores con punta de diamante. Luego, el trozo de piedra se pega en una tira de vidrio y después se rebaja el grosor con un disco giratorio. Cuando tiene el ancho y la transparencia correctos, se le coloca otro vidrio encima y se etiqueta.

Gabro en una luz polarizada cruzada

Colores de interferencia de los granos minerales

Polarizador inferior

El espejo refleja el rayo de luz en el microscopio

Olivino

Gabro en una luz polarizada plana

## MICROSCOPIO DE PETRÓLOGO

Este aparato emplea luz polarizada para estudiar las rocas. Una luz está debajo de la tajada de roca y otra, arriba. La forma en que el cristal altera la luz es única en cada mineral; las propiedades ópticas se pueden usar como medio de identificación.

Base

## USO DE POLARIZADORES

Los petrólogos observan delgadas secciones de roca usando luz polarizada para ver los colores, las texturas y la interrelación de los minerales. Así pueden identificar la roca. Una segunda polarización cruzada muestra colores de interferencia, lo cual ayuda a detallar la identificación.

# Rocas ígneas

Guy Tancrède de Dolomieu (1750-1801)

LAS ROCAS ÍGNEAS SON EL MATERIAL PRIMARIO y original del cual está formada la superficie terrestre. Las primeras rocas en la Tierra fueron ígneas; se originaron cuando el planeta se comenzó a enfriar. El magma es el material que se solidifica y cristaliza de manera compleja para formar los diferentes minerales de las rocas ígneas. Se produce continuamente en las profundidades de la Tierra. Como este proceso no puede ser observado, los científicos deben adivinar su mecanismo. Dado que el Vesubio presentó actividad volcánica en el siglo XVIII, el minerólogo francés Dolomieu pudo observar un volcán activo. Él se convenció de que la lava se origina a una gran profundidad dentro de la Tierra. Un poco de magma se enfría y solidifica en el interior, y crea una masa conocida como intrusión ígnea (p. 51). A principios del siglo XX, el petrólogo Norman Bowen (1887-1956) estudió la forma en que el silicato líquido se cristalizaba al enfriarse, trabajando con silicato derretido, que era una aproximación al magma natural. Descubrió que los minerales con óxido metálico se cristalizaban primero, pues presentaban el punto de fusión más alto.

Los cristales que se formaban después eran producto de la interacción entre los primeros cristales y el líquido restante, que tenía una composición química diferente.

*El clima transporta granos sueltos que, al juntarse, crean rocas sedimentarias*

*Las rocas muy calientes pueden derretirse y convertirse en magma nuevo*

*Las rocas sedimentarias quedan enterradas*

*Las rocas sedimentarias pueden calentarse y comprimirse en rocas metamórficas*

## DESGASTE DE UNA CORDILLERA

Cuando se forma una cordillera, las rocas que están a mayor profundidad se elevan (págs. 46-47). Al crecer la cordillera, las cimas se desgastan por el clima a lo largo de millones de años. Este granito, de Dartmoor, Inglaterra, se cristalizó varios kilómetros dentro de la corteza terrestre y fue parte de una intrusión ígnea conocida como batolito (p. 51). La erosión desgastó toda la cordillera, dejando los peñascos de granito en la cima. La palabra *tor* (peñasco) proviene del nombre céltico para los picos de granito en esta parte del mundo.

Haytor, Dartmoor, sur de Gran Bretaña

*Granito erosionado*

## EL CICLO DE LA ROCA

El ciclo de la roca renueva constantemente la superficie de la Tierra. Las rocas ígneas se transforman al llegar a la atmósfera: se crean nuevos minerales y los granos de cristal son separados y transportados por el clima para formar sedimentos. Éstos se vuelven rocas sedimentarias (págs. 26-27); entonces pueden calentarse y comprimirse para formar rocas metamórficas (págs. 28-29), o pueden derretirse para formar nuevas rocas ígneas.

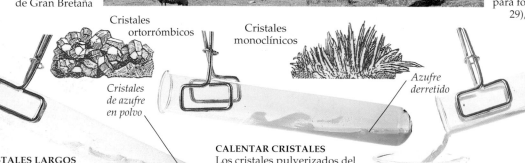

*Cristales ortorrómbicos*

*Cristales monoclínicos*

*Cristales de azufre en polvo*

*Azufre derretido*

*Enfriamiento rápido*

*Azufre con apariencia de plástico*

## CRISTALES LARGOS

Cuando un líquido se enfría lentamente forma cristales largos, pues los átomos tienen tiempo de encontrar su lugar en el orden del cristal. El azufre produce cristales ortorrómbicos o monoclínicos, dependiendo de la temperatura en la que crecen los cristales. El granito de Haytor se enfrió a lo largo de casi un millón de años, así que los cristales llegan a medir 2 pulg (5 cm) de longitud.

## CALENTAR CRISTALES

Los cristales pulverizados del azufre pueden calentarse hasta que se derritan. Si las condiciones de enfriamiento son más rápidas, se forman cristales monoclínicos, como agujas, a unos 194 °F (90 °C). En la naturaleza, estos cristales se forman alrededor de las bocas de las fumarolas volcánicas, donde se enfrían.

## CRISTALES CONGELADOS

Un líquido que se enfría rápidamente puede congelarse y formar una estructura vidriosa sin el orden interno de los cristales. Esta estructura puede lucir muy distinta al material cristalino equivalente. El azufre helado es maleable y plástico. Un silicato fundido o magma enfriado rápidamente, crea vidrio natural. A lo largo de millones de años, el vidrio puede convertirse en cristales.

## EL RECICLAJE DE MAGMA

El magma se origina en el manto terrestre. Ocasionalmente ocurren pequeños derretimientos, que si se unen empiezan a migrar hacia la superficie de la Tierra. El basalto es la roca ígnea más parecida, en cuanto a composición, a su material de origen, el manto. Piedras similares al basalto emergen como flujos de lava (similares a los de Hawai, izquierda), creando así el fondo marino. Cuando éste regresa al manto, parte de la roca basáltica se derrite. Este nuevo magma vuelve a la superficie terrestre, pero cambia su composición mientras viaja y se convierte en granito.

*Volcán*

*Corteza continental*

*El lecho marino regresa al manto*

*Magma elevándose*

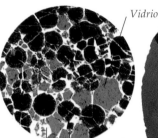

*Vidrio*

*Fisuras de enfriamiento*

*Las esferulitas son el comienzo de los cristales*

Fino corte de obsidiana bajo luz de polarización cruzada

### OBSIDIANA

La obsidiana es un vidrio natural formado por magma que se enfrió demasiado rápido para cristalizar. Cuando el magma emerge como lava, los átomos no alcanzan a colocarse de una manera ordenada.

*Los cristales largos, con una masa de cristales finos como fondo, forman la textura porfírica*

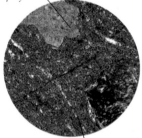

*Cristales enfriados como flujos de lava*

Fino corte de felsita bajo luz de polarización cruzada

### FELSITA

Los grandes cristales de cuarzo y feldespatos de la felsita crecen durante el enfriamiento lento (antes de la erupción), y los cristales pequeños resultan tras el enfriamiento rápido durante la erupción.

*Cuarzo formado después*

*La mica se acomoda en los espacios*

*Los feldespatos cristalizan primero*

Corte delgado de granito bajo luz polarizada cruzada

### GRANITO

De estas tres rocas, el granito se enfría más lentamente. Las tres están formadas de magma, básicamente con la misma composición química. La diferencia se debe sólo a la velocidad a la que se enfrían.

# Rocas sedimentarias

L<small>AS ROCAS QUE ENTRAN EN</small> C<small>ONTACTO</small> con la atmósfera y con el agua sufren una erosión gradual (págs. 50-51), incluso las lavas duras y el granito. El agua se filtra entre los granos minerales y reacciona químicamente con la roca, desgastándola. Las partículas de la roca erosionada son removidas por la lluvia o el viento y depositadas en otro lugar. En la nueva ubicación se forman capas de sedimento, las cuales pueden ser enterradas por más y más capas. Éstas también pueden contener material orgánico, como plantas y restos de animales. Con el tiempo, los sedimentos se compactan y endurecen. El agua subterránea se filtra a través del sedimento, dejando a su paso minerales que unen los granos de sedimento. De esta manera, el sedimento se litifica (se vuelve roca). Al entender cómo se forma el sedimento moderno, es posible reconstruir el medio ambiente de épocas pasadas –el paleoambiente– y hacer mapas paleogeográficos que muestren la geografía existente hace varios millones de años.

**WILLIAM SMITH (1769-1839)**
Fue un ingeniero inglés que inspeccionaba rutas para canales. Observó que existían los mismos tipos de rocas en diferentes lugares, y que las capas individuales de roca sedimentaria se caracterizaban por tener grupos de fósiles similares. Smith concluyó que las rocas más antiguas se encontraban en las capas inferiores.

**CANTERA DE ARENA**
Las capas de arena de esta cantera inglesa tienen aproximadamente 100 millones de años, y fueron depositadas en un mar poco profundo. Las capas de arenisca están cubiertas por una capa de arcilla pedregosa grisácea (p. 59). La arena es extraída para usarla en campos de golf y para filtrar agua potable.

**ARENISCA**
Esta arenisca está hecha de granos de arena, como la de los desiertos actuales (p. 55). Los granos son visibles aun sin lupa. Una muestra de arenisca puede revelar cambios de color y de franjas. Las capas de arena original tal vez son el resultado de los vientos desérticos, que separaron los granos en diferentes tamaños y densidades. Algunas areniscas muestran granos de minerales en franjas de distintos colores. Estos minerales, más pesados que los granos de arena ordinarios, en ocasiones se concentran en capas.

*Grano de cuarzo*

Delgado corte de arenisca bajo luz polarizada cruzada

Arenisca roja

*Textura uniforme*

*Guijarro*

**CÓMO SE FORMA EL SEDIMENTO**
El sedimento está formado por fragmentos de rocas antiguas. Durante una inundación, las lluvias aflojan la arena y la grava desgastadas de las laderas de las montañas. Junto con la tierra (págs. 52-53), el sedimento es transportado por el agua y depositado en los lugares donde la corriente baja de velocidad. Un río desbordado siempre tiene agua turbia debido al sedimento que lleva, el cual puede ser una mezcla de lodo, arena y piedras (p. 57).

*Fósil de concha*

# Orígenes del petróleo

El petróleo se deriva de los restos de plantas muertas que se pudren y se sumergen en el lecho marino, donde quedan cubiertas de sedimentos. Al enterrarse éstos, la temperatura aumenta y los líquidos aceitosos de los restos orgánicos son expulsados. El material oleoso viaja a través de los poros de las rocas permeables (p. 15) y se filtra dentro de la arenisca o la piedra caliza. Ahí el aceite se concentra en los poros de la roca.

Piedra caliza con conchas

Núcleo perforado de arenisca    Petróleo natural

## PIEDRA CALIZA

Las plantas y los animales que viven en los mares o en los ríos, usan el bicarbonato de calcio disuelto en el agua para elaborar carbonato de calcio. Los animales lo utilizan para formar conchas y esqueletos, mientras que las plantas se rodean de lodo calizo. A veces, el lodo se transforma en piedra caliza que contiene las conchas de las criaturas que formaron el carbonato de calcio.

*Fósil de concha*

Corte delgado de piedra caliza bajo luz polarizada plana

## ROCA PETROLÍFERA

Cuando el sedimento se transforma en roca, casi siempre quedan espacios entre los granos individuales de sedimento que no se llenan con minerales. En los poros de esta roca arenisca quedaron atrapados, bajo presión, 3 pintas (1.5 litros) de petróleo. Sin embargo, es imposible extraerlo todo. Debido a la tensión superficial y a la viscosidad del petróleo, algo de éste queda adherido a los granos de la roca.

## ESQUISTO

Es imposible ver los granos que forman el esquisto sin un microscopio de alta potencia. Las diminutas escamas de barro y cieno son las partículas más pequeñas provenientes de la erosión de rocas antiguas. El barro se deriva de la erosión de los feldespatos. Los granos de cieno, que pueden ser cuarzo o feldespatos, son un poco más grandes. El esquisto se forma en estuarios, lagos y mares.

## CONGLOMERADO

Al sedimento que contiene muchos guijarros redondos y arena en los espacios intermedios, se le conoce como conglomerado. El sedimento pudo haber sido depositado en el lecho de un río, y los guijarros pudieron haber sido transportados por una inundación.

*Los guijarros están hechos del duro cuarzo*

### LA BÚSQUEDA

Si la estructura de una roca es adecuada, quizá concentre petróleo. Si éste queda atrapado entre las capas, se puede recolectar para uso comercial. Es posible detectar estructuras petrolíferas desde la superficie terrestre o el lecho marino. Los geólogos saben dónde puede haber petróleo.

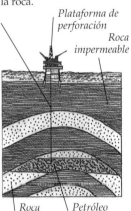

*Oleoducto*
*Plataforma de perforación*
*Roca impermeable*
*Roca permeable*    *Petróleo atrapado*

*Concha*

*Arena*

# Rocas metamórficas

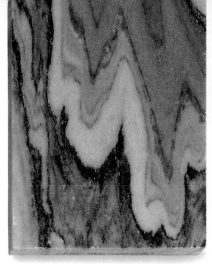

**MÁRMOL CIPOLINO RAYADO**
Durante el metamorfismo, la piedra caliza hecha de carbonato de calcio puro (p. 27) se recristaliza en un mármol blanco puro. Muchas calizas contienen arena de cuarzo, arcilla o hierro. Al sufrir metamorfismo, el resultado es un mármol de color, a menudo con franjas onduladas. Muchas rocas metamórficas muestran fracturas o pliegues; esto indica que durante la formación de la montaña reaccionaron como si fueran de plástico o quebradizas (p. 20).

**EL EXPERIMENTADOR**
Sir James Hall (1761-1832) fue un barón escocés que rellenó el cañón de una escopeta con piedra caliza pulverizada, para mantener la presión, y después la calentó en su fundición. El resultado fue un mármol cristalino. Había logrado el metamorfismo de una roca sedimentaria.

LAS ROCAS METAMÓRFICAS son piedras que han ido cambiando. Antes fueron ígneas, sedimentarias o metamórficas. Casi todo el metamorfismo ocurre en la profundidad de las cordilleras nuevas, donde las rocas son comprimidas debajo de otras. Aunque la roca en realidad nunca se funde, su textura y naturaleza pueden volverse como nuevas, a partir de distintos cristales metamórficos (p. 23), sin rastro de los minerales o texturas originales. Parte de esto sucede en respuesta a la presión, y parte debido al calor. El metamorfismo toma mucho tiempo: primero para que la roca quede enterrada a una profundidad que dé inicio al proceso; después, para que tenga lugar la recristalización sólida. Con el tiempo, las rocas metamórficas llegan a la superficie, cuando la cordillera se eleva y erosiona (págs. 46-47). El proceso en el que el sedimento queda enterrado y se vuelve roca metamórfica puede tomar 100 millones de años.

**Arenisca**

**Aureola metamórfica**

**Caliza**

**Granito**

**Mármol**

**CONTACTO CON GRANITO CALIENTE**
Cuando el granito fundido se introduce en las rocas de las cordilleras, las piedras sufren un metamorfismo alrededor del granito. El halo de la roca modificada se llama aureola metamórfica. Con las altas temperaturas aparecen nuevos minerales; la piedra caliza se convierte en mármol.

**Mica**

**Cuarzo**

**Granate**

**EL ESQUISTO FORMA EL GRANATE**
En el esquisto de barro, los primeros minerales metamórficos son los cristales de mica; crecen hacia donde hay menor presión. El granate crece luego, haciendo a un lado los cristales.

**INCREMENTO DE LA PRESIÓN**
El metamorfismo puede transformar el simple esquisto de barro en una roca cristalina. Los lodos que se asientan en mares poco profundos son llevados más abajo durante la formación de las montañas. El primer signo de metamorfismo es el crecimiento de cristales de mica microscópicos. La presión puede causar que éstos se alineen, lo cual produce pizarra (1). La filita (2) se recristaliza más intensamente; los cristales de mica son más grandes y pueden resplandecer en la superficie de la roca. Aun el entierro más profundo en la cordillera crea un esquisto que puede tener grandes cristales de mica, y granos o cristales de cianita (3), a cuya cristalización ayuda el calor.

**PARTIR PIZARRA PARA TECHOS**
Todos los cristales de mica en la pizarra están paralelos entre sí. El partidor de pizarra conoce la dirección y resquebraja el material a lo largo. Esto se llama dirección de resquebrajadura.

1. Pizarra

*Incremento de presión*

2. Filita

*Cianita azul*

3. Esquisto de cianita

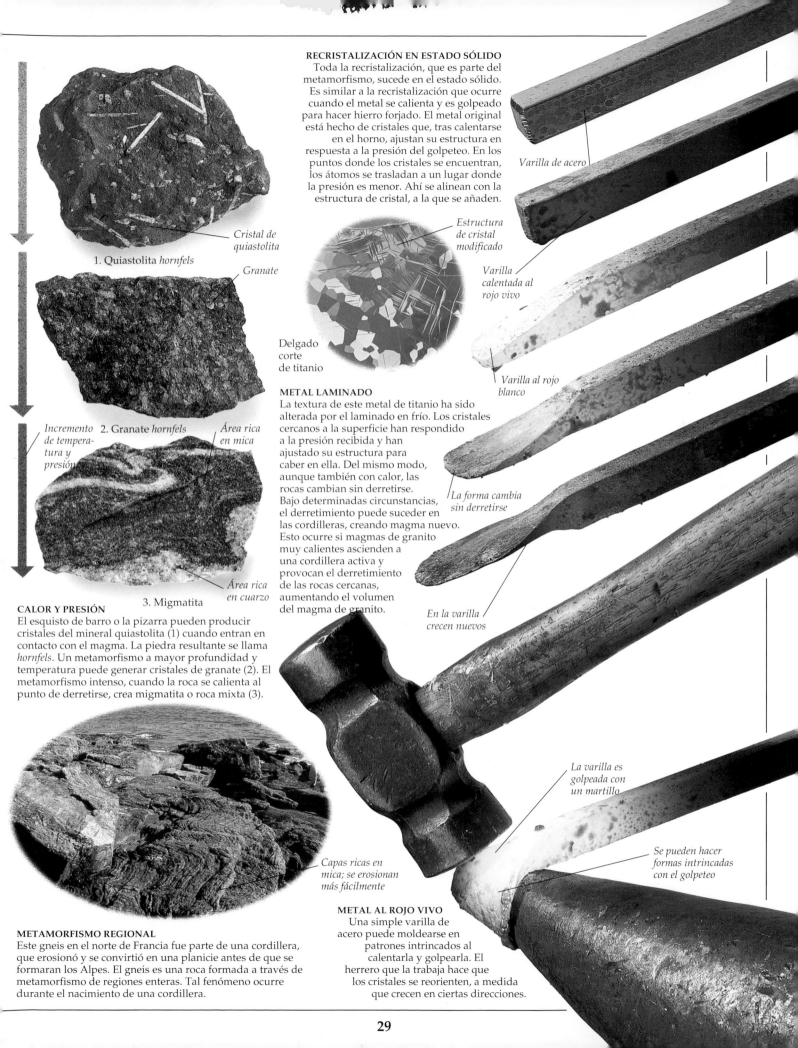

## RECRISTALIZACIÓN EN ESTADO SÓLIDO

Toda la recristalización, que es parte del metamorfismo, sucede en el estado sólido. Es similar a la recristalización que ocurre cuando el metal se calienta y es golpeado para hacer hierro forjado. El metal original está hecho de cristales que, tras calentarse en el horno, ajustan su estructura en respuesta a la presión del golpeteo. En los puntos donde los cristales se encuentran, los átomos se trasladan a un lugar donde la presión es menor. Ahí se alinean con la estructura de cristal, a la que se añaden.

Cristal de quiastolita

1. Quiastolita *hornfels*

Granate

Estructura de cristal modificado

Delgado corte de titanio

Incremento de temperatura y presión

2. Granate *hornfels*

Área rica en mica

### METAL LAMINADO

La textura de este metal de titanio ha sido alterada por el laminado en frío. Los cristales cercanos a la superficie han respondido a la presión recibida y han ajustado su estructura para caber en ella. Del mismo modo, aunque también con calor, las rocas cambian sin derretirse. Bajo determinadas circunstancias, el derretimiento puede suceder en las cordilleras, creando magma nuevo. Esto ocurre si magmas de granito muy calientes ascienden a una cordillera activa y provocan el derretimiento de las rocas cercanas, aumentando el volumen del magma de granito.

Área rica en cuarzo

3. Migmatita

Varilla de acero

Varilla calentada al rojo vivo

Varilla al rojo blanco

La forma cambia sin derretirse

En la varilla crecen nuevos

### CALOR Y PRESIÓN

El esquisto de barro o la pizarra pueden producir cristales del mineral quiastolita (1) cuando entran en contacto con el magma. La piedra resultante se llama *hornfels*. Un metamorfismo a mayor profundidad y temperatura puede generar cristales de granate (2). El metamorfismo intenso, cuando la roca se calienta al punto de derretirse, crea migmatita o roca mixta (3).

La varilla es golpeada con un martillo

Se pueden hacer formas intrincadas con el golpeteo

Capas ricas en mica; se erosionan más fácilmente

### METAL AL ROJO VIVO

Una simple varilla de acero puede moldearse en patrones intrincados al calentarla y golpearla. El herrero que la trabaja hace que los cristales se reorienten, a medida que crecen en ciertas direcciones.

### METAMORFISMO REGIONAL

Este gneis en el norte de Francia fue parte de una cordillera, que erosionó y se convirtió en una planicie antes de que se formaran los Alpes. El gneis es una roca formada a través de metamorfismo de regiones enteras. Tal fenómeno ocurre durante el nacimiento de una cordillera.

# El desafío del océano

LOS INICIOS DE LA OCEANOGRAFÍA moderna tuvieron lugar a finales del siglo XIX, con inspecciones oceánicas como la realizada por el barco de investigación británico *Challenger*. Estados Unidos propuso explorar los océanos Atlántico y Pacífico, con Alexandre Agassiz (1835-1910) a la cabeza. Buques alemanes y suecos también se aventuraron en el Atlántico. El gobierno británico fue persuadido a apoyar al *Challenger* para mantener su prestigio internacional. Se esperaba que la exploración de esta nave pudiera responder las preguntas de la época. ¿Estaban pobladas las profundidades del océano por criaturas vivientes? ¿Podían medirse las corrientes oceánicas para confirmar las teorías sobre cómo circulaban las aguas oceánicas? Si había sedimento en el lecho marino, ¿era parecido a la greda? El *Challenger* respondió algunas preguntas, pero la circulación de las corrientes oceánicas siguió generando controversias. Hoy se sabe que muchas variables afectan las corrientes. Usando sondeos de profundidad, el *Challenger* descubrió montañas submarinas en medio del Océano Atlántico (págs. 38-39) y encontró la Fosa de las Marianas, a 36,000 pies (11,033 m) de profundidad en el Pacífico.

*Lectura tomada en la boquilla*

*Redoma de vidrio*

## EN LA IMAGINACIÓN

En 1869, el escritor francés Julio Verne (1828-1905) escribió la novela *Veinte mil leguas de viaje submarino*. Cuenta la historia de un submarino cuya tecnología estaba muy avanzada para su tiempo. En el siglo XX, la tecnología submarina de Verne fue común. Para apreciar las ideas adelantadas de Verne, el lector debe remontarse a una época donde esto era ciencia ficción, escrita sobre una región inexplorada de la Tierra.

## EL HIDRÓMETRO

El *Challenger* hizo pruebas con el agua oceánica para descubrir cómo la salinidad y la temperatura variaban según la profundidad y la región. Este hidrómetro mide la salinidad. La superficie templada de las corrientes del Atlántico –la corriente del Golfo– fue registrada por Benjamín Franklin en el siglo XVIII. El *Challenger* comprobó que el agua era mucho más fría a mayor profundidad, lo cual podría ser la corriente compensadora de agua fría.

## VIAJE HISTÓRICO

El viaje épico del *Challenger* duró de 1872 a 1875. Navegó 59,900 millas náuticas (111,000 km), midió el océano y recolectó muestras. La expedición no incluyó ningún físico. Si hubiese ido uno, la cantidad de información del *Challenger* podría haberse usado para encontrar la interrelación entre la salinidad, la temperatura y la densidad del agua; el cieno del fondo marino, los vientos y los efectos de la evaporación y la lluvia, ya que todos afectan la circulación oceánica.

Grabado de un hidrómetro suspendido en líquido

*El mercurio actúa como un peso*

## EL FIN DE UNA TEORÍA

En el siglo XVI una expedición dirigida por el portugués Fernando de Magallanes (1480-1521) navegó alrededor del mundo probó que el planeta no era plano. Magallanes trató de calcular la profundidad del océano al navegar, pero los marineros solían mantener tierra a la vista. Ahí el agua es menos profunda y los sedimentos del fondo se derivan de las costas.

## A BORDO DEL BARCO

Los naturalistas del *Challenger* realizaron un mapa hidrográfico de los sedimentos del océano y su relación con la vida marina. Para tomar muestras se emplearon dragas. Las muestras revelaron que el plancton globigerina vive en la superficie de casi todas las partes del océano. Cuando la globigerina muere, las conchas se hunden y crean el lodo carbonatado llamado fango de globigerina (p. 13).

*Saco para drenar*

*Despepitador*

*Los plomos se sueltan antes de regresar a la superficie*

*Contenedor protector de latón*

*Los escobillones arrastran la red por el lecho marino*

### DRENAR LAS PROFUNDIDADES

Las dragas (p. 13) se usaron para recolectar material de todas partes del fondo marino. Aunque las muestras indicaron que la globigerina vivía en las aguas poco profundas del océano Atlántico, al dragar a mayor profundidad se halló barro rojizo en vez de fango. Entre más profunda era el agua, había menos indicios de conchas de globigerina en el fondo. El equipo del *Challenger* supuso, atinadamente, que a tal profundidad las conchas de globigerina se habían disuelto; el barro rojizo era polvo llevado por el aire desde tierra.

*Los plomos jalan la cuerda hacia abajo y entierran el despepitador en el fango*

Filtrado de sedimento dragado en el *Challenger*

Portaobjetos con muestras

Barro de la costa    Fango de globigerina    Arena con conchas    Sedimento

### JUNTAR LA EVIDENCIA

La tarea de enviar las muestras a los científicos para su estudio y almacenamiento, y de escribir y publicar los resultados del *Challenger*, tomó 15 años. El material se embotelló con etiquetas que indicaban la latitud, la longitud, la profundidad del agua, el lugar de recolección y el tipo de material (por ejemplo, cieno o fango).

*Contenedor protector de latón*

*Termómetro de vidrio y mercurio*

### MEDIR LA VELOCIDAD

Para medir las corrientes oceánicas se tomaba la distancia que había recorrido el barco. Este dispositivo tiene tres discos que giran a la par de la hélice para medir la distancia. En esa época, los barcos de investigación usaban cuerdas de cáñamo para introducir y elevar aparatos en el mar. Las cuerdas mojadas se volvían sumamente pesadas y tomaba horas introducirlas o elevarlas. Por eso, el *Challenger* experimentó con cuerdas de piano.

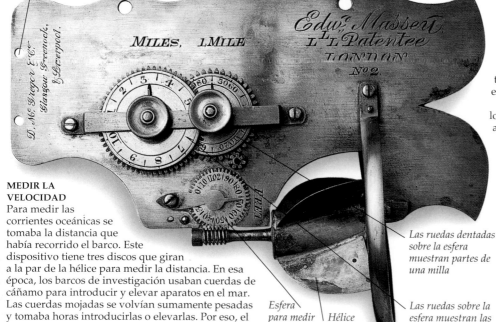

*Una cuerda de cáñamo se amarra aquí*

MILES,    1.MILE

*Edw. Massey, L.L.Patentee LONDON Nº2*

*D. Mc.Gregor & Co. Glasgow Greenock & Liverpool*

FEET

*Esfera para medir en pies*    *Hélice*    *Las ruedas sobre la esfera muestran las millas recorridas*    *Las ruedas dentadas sobre la esfera muestran partes de una milla*

### TOMAR LA TEMPERATURA

Al principio, el equipo del *Challenger* utilizó termómetros que registraban sólo la máxima y la mínima temperaturas. Este termómetro registra la temperatura de aguas profundas, aun cuando haya sido elevado a través de aguas más frías o calientes. El *Challenger* descubrió que el agua de la superficie de la Antártida era 3 °F (–16 °C) más fría que el agua a 300 brazas (550 m).

*Una cuerda con peso ayuda a hundir el contenedor*

# La oceanografía moderna

LOS ESTUDIOS OCEANOGRÁFICOS del siglo XX revolucionaron la forma en que vemos el planeta y cómo funciona, al revelar características de la superficie –topografía– y la naturaleza del lecho oceánico. A principios de la década de 1960 hubo un plan para hacer una perforación hasta el manto. El *Mohole* taladraría donde la corteza fuera más delgada, barrenando en las profundidades desde un barco. Las investigaciones sísmicas (p. 40) ya habían demostrado que el fondo marino estaba formado por capas. El *Mohole* tomaría muestras del lecho marino y revelaría la naturaleza de las capas; pero nunca llegó al Moho, el punto donde el manto se une con la corteza (p. 40). En 1964, el *Glomar Challenger* empezó a surcar los océanos, taladrando el sedimento y el lecho oceánico. Hoy se hacen mapas con aparatos sensores remotos, guiados desde barcos, y satélites en órbita. Las computadoras visualizan la circulación de las aguas oceánicas.

## VIDA EN LAS PROFUNDIDADES

El océano profundo es un lugar oscuro. Conocer la cantidad de luz en el mar es vital para entender dónde y cómo viven los animales y las plantas marinas. La fotosíntesis se puede realizar con niveles tan bajos como 1% de luz solar. Criaturas como el pejesapo, que emiten luz para atraer a su presa, aportan significativas cantidades de luz en las partes oscuras del océano.

## INVESTIGAR LAS PROFUNDIDADES

Las muestras del *Glomar Challenger* sirvieron para entender la dispersión del suelo marino (págs. 38-39). También revelaron que cerca de las montañas submarinas (p. 30) el basalto es nuevo, y al alejarse, es viejo. No sólo eso, cerca de estas cordilleras los sedimentos en el suelo basáltico son nuevos. Y lejos de allí, los sedimentos nuevos se han posado progresivamente sobre otros más antiguos.

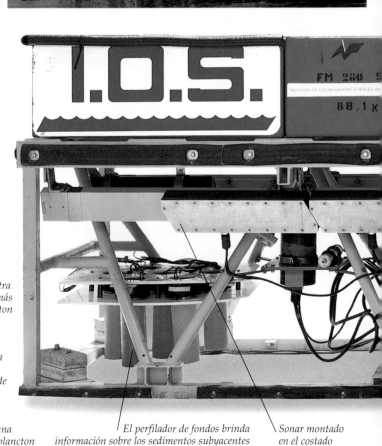

## REDES DE PLANCTON

La cadena alimentaria de los océanos empieza con los nutrimentos inorgánicos arrastrados por las corrientes. Las plantas y animales pequeños forman el plancton, que flota pasivamente, e incluye desde algas microscópicas hasta camarones; las criaturas mayores comen este plancton. Los oceanógrafos usan redes especiales para estimar la cantidad de plancton, y para descubrir la proporción entre plancton animal y vegetal. Estudios en la Antártida indicaron que en las aguas oceánicas el plancton animal se alimenta de plancton vegetal; en las aguas costeras lo hace de bacterias.

## PLANCTON DESDE UN SATÉLITE

Los oceanógrafos y geólogos marinos modernos usan una sofisticada tecnología. Los satélites registran la distribución del plancton en la superficie del agua (aquí, en los océanos Pacífico e Índico). Las imágenes satelitales sirven también para detectar cambios en la temperatura y salinidad de las aguas; éstos, aunque pequeños, pueden tener profundos efectos en las corrientes oceánicas.

*El amarillo muestra la densidad promedio de plancton*

*El rojo muestra la densidad más alta de plancton*

*El rosa muestra la densidad más baja de plancton*

*El azul muestra una densidad baja de plancton*

*El perfilador de fondos brinda información sobre los sedimentos subyacentes*

*Sonar montado en el costado*

# Imágenes de sonar

*Nave madre*

Bajo las aguas del mar, a pocos cientos de metros, está demasiado oscuro para que las imágenes fotográficas puedan indicar algo. En cambio, se pueden usar las ondas de sonido. El sonar fue el primer método de este tipo. Actualmente, sofisticadas imágenes sonoras por computadora pueden dar imágenes detalladas y hacer mapas de áreas de especial interés, como las zonas de exclusión económica, fuera de las costas.

*Nave madre*

*Área de alcance*

*Cable de remolque*

*Depresor*

*Cable alimentador*

*Alcance cercano*

## MODELOS POR COMPUTADORA
Este modelo simula las corrientes oceánicas alrededor de la aislada masa antártica. Las corrientes son más fuertes donde el rojo y el azul se aproximan. Debido a que los océanos tienen un importante papel en el control del clima, particularmente en la circulación de calor, se pueden usar mejores y más actualizados mapas para predecir cambios climáticos.

*Depresor*

*Cable remolcador de hasta 6 millas (10 km) de largo*

*Señales llevadas de regreso al barco*

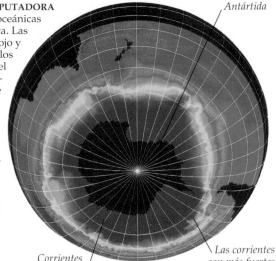

*Antártida*

*Corrientes oceánicas simuladas*

*Las corrientes son más fuertes donde se juntan el rojo y el azul*

## REMOLQUE DEL TOBI
El TOBI (ab.) es remolcado desde un barco, usando un cable y un peso que lo mantienen horizontal en el mar. Tiene un alcance de 2 millas (3 km) y es remolcado unos 960 pies (300 m) sobre el lecho marino, a una velocidad de 3 nudos.

## CÓMO FUNCIONA UN SONAR
Las imágenes acústicas del fondo marino pueden ser producidas por un escáner que transmite pulsos sonoros regulares; el eco aparece en la pantalla. Las unidades hacen las imágenes (pixeles) cubran un área del tamaño de una mesa de billar. En el futuro puede haber un escaterómetro, para determinar el carácter del sedimento, y cables de remolque con fibras ópticas, que proporcionarán imágenes en video.

## INSTRUMENTO A REMOLQUE
El TOBI es un vehículo a control remoto, arrastrado por un barco en aguas de hasta 20,000 pies (6,000 m) de profundidad. Sirve como una plataforma para diversos instrumentos oceanográficos. A través del cable alimentador, sus sensores envían información al barco, donde se almacena en un disco óptico. Las imágenes de sonido pueden detectar un objeto de hasta 6 pies (2 m) de ancho.

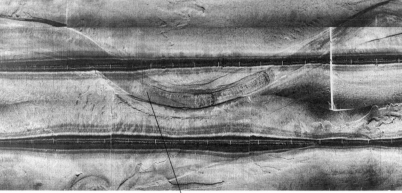

Río en un valle submarino, en la costa oeste de Estados Unidos

*Canal del río*

## RÍO SUBMARINO
Esta imagen del TOBI muestra sedimentos recorriendo un valle submarino. Normalmente, el sedimento se posa en la plataforma continental, pero se ha movido y corre debajo de la plataforma hasta el fondo del mar.

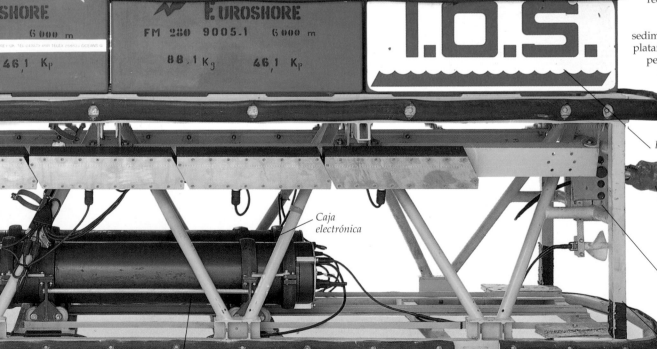

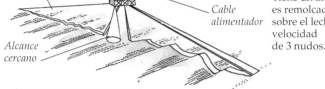

*Espuma de flotación*

*Caja electrónica*

*Cable alimentador*

*Sensores en diferentes posiciones*

*Estructura de aluminio*

*Aquí van los componentes electrónicos*

# La deriva continental

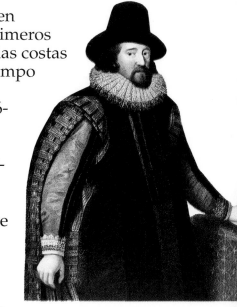

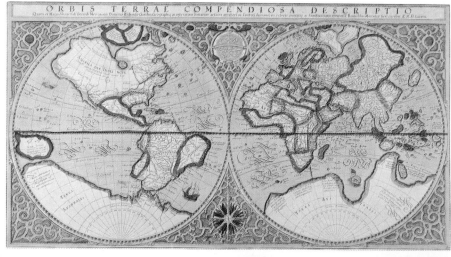

La FORMA Y EL TAMAÑO de los continentes están en constante cambio, aunque muy lentamente. Los primeros mapas del Océano Atlántico Sur mostraban cómo las costas encajaban perfectamente en ambos lados. Tomó tiempo entender qué tipo de mecanismo podía mover los continentes para hacer que esto sucediera (págs. 36-37). Ahora se sabe que los continentes se mueven –unos cuantos centímetros al año– y que se puede medir la velocidad. En 1915, Alfred Wegener (1880-1930) publicó su teoría de la deriva de los continentes. Hablaba de un antiguo "supercontinente" que los científicos llamaron Pangea. Cuando éste comenzó a separarse, hace unos 300 millones de años (abreviado a 300 Ma), el Océano Atlántico comenzó a crecer en el lugar donde África se separó de América del Sur. Eduard Suess (p. 42) propuso que el continente austral se llamara Gondwana, por una región habitada por los gonds, en la India. Poco tiempo después, Laurasia, el continente del norte, se separó para formar América del Norte y Europa, aislando a Groenlandia. Al parecer, los procesos de la Tierra continuamente separan supercontinentes o juntan continentes para formar supercontinentes, en ciclos que tardan cientos de millones de años.

Atlas, sosteniendo el mundo en los hombros

**FRANCIS BACON (1561-1626)**
Luego del descubrimiento de América y de la realización de mapas de las costas del océano Atlántico, el filósofo inglés Francis Bacon sugirió que las costas de los dos continentes parecían encajar, como si éstos hubiesen sido separados.

**TRAZO DE MAPAS DEL MUNDO**
En 1569, el cartógrafo flamenco Gerhardus Mercator (1512-1594) elaboró un mapa del mundo basado en la experiencia de los navegantes de la época. Las costas se estaban conociendo mejor debido a las exploraciones de América y el Océano Pacífico. En poco tiempo, los viajes de Magallanes, Vasco de Gama y Colón habían duplicado la tierra conocida. El mapa de Mercator muestra que las áreas de tierra son una pequeña porción de la superficie del mundo, y que las regiones marinas cubren tres cuartas partes de la Tierra. Las antiguas ideas acerca del océano, su profundidad y superficie, eran muy vagas.

Cráneo de *Lystrosaurus*

**EL *LYSTROSAURUS***
Los restos fósiles de animales terrestres como el *Lystrosaurus* muestran que los continentes australes estuvieron unidos alguna vez. En todos ellos se ha encontrado el mismo tipo de fósiles; los animales deben haber vagado por las tierras ahora separadas por el mar.

*Costa de Namibia*

**DESIERTO DE NAMIBIA**
Las rocas encontradas en Namibia, en la parte occidental de África, son similares a las halladas en Brasil, en América del Sur. Se formaron antes de la separación de Gondwana.

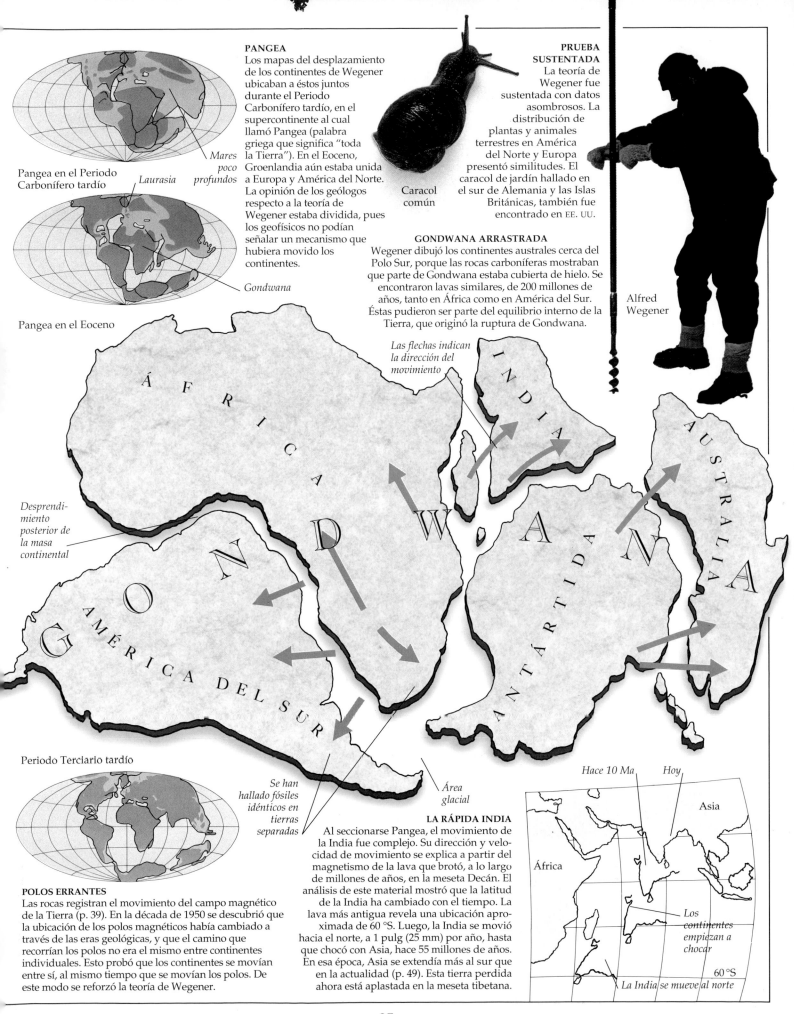

## PANGEA

Los mapas del desplazamiento de los continentes de Wegener ubicaban a éstos juntos durante el Periodo Carbonífero tardío, en el supercontinente al cual llamó Pangea (palabra griega que significa "toda la Tierra"). En el Eoceno, Groenlandia aún estaba unida a Europa y América del Norte. La opinión de los geólogos respecto a la teoría de Wegener estaba dividida, pues los geofísicos no podían señalar un mecanismo que hubiera movido los continentes.

*Pangea en el Periodo Carbonífero tardío*

*Mares poco profundos*

*Laurasia*

*Gondwana*

*Pangea en el Eoceno*

Caracol común

### PRUEBA SUSTENTADA

La teoría de Wegener fue sustentada con datos asombrosos. La distribución de plantas y animales terrestres en América del Norte y Europa presentó similitudes. El caracol de jardín hallado en el sur de Alemania y las Islas Británicas, también fue encontrado en EE. UU.

### GONDWANA ARRASTRADA

Wegener dibujó los continentes australes cerca del Polo Sur, porque las rocas carboníferas mostraban que parte de Gondwana estaba cubierta de hielo. Se encontraron lavas similares, de 200 millones de años, tanto en África como en América del Sur. Éstas pudieron ser parte del equilibrio interno de la Tierra, que originó la ruptura de Gondwana.

Alfred Wegener

*Las flechas indican la dirección del movimiento*

*Desprendimiento posterior de la masa continental*

*Periodo Terciario tardío*

*Se han hallado fósiles idénticos en tierras separadas*

*Área glacial*

### POLOS ERRANTES

Las rocas registran el movimiento del campo magnético de la Tierra (p. 39). En la década de 1950 se descubrió que la ubicación de los polos magnéticos había cambiado a través de las eras geológicas, y que el camino que recorrían los polos no era el mismo entre continentes individuales. Esto probó que los continentes se movían entre sí, al mismo tiempo que se movían los polos. De este modo se reforzó la teoría de Wegener.

### LA RÁPIDA INDIA

Al seccionarse Pangea, el movimiento de la India fue complejo. Su dirección y velocidad de movimiento se explica a partir del magnetismo de la lava que brotó, a lo largo de millones de años, en la meseta Decán. El análisis de este material mostró que la latitud de la India ha cambiado con el tiempo. La lava más antigua revela una ubicación aproximada de 60 °S. Luego, la India se movió hacia el norte, a 1 pulg (25 mm) por año, hasta que chocó con Asia, hace 55 millones de años. En esa época, Asia se extendía más al sur que en la actualidad (p. 49). Esta tierra perdida ahora está aplastada en la meseta tibetana.

*Hace 10 Ma*  *Hoy*

Asia

África

*Los continentes empiezan a chocar*

60 °S

*La India se mueve al norte*

# Tectónica de placas

CUARENTA AÑOS DESPUÉS de que Alfred Wegener formuló su teoría de la deriva continental (págs. 34-35), los avances tecnológicos revelaron mucha información acerca del suelo oceánico (págs. 38-39). En 1963, el descubrimiento de franjas magnéticas de los científicos británicos F. Vine y D. Matthews, indicó que el suelo oceánico estaba hecho de rocas más nuevas que los continentes. Esto condujo a la teoría de las placas tectónicas, que divide el mundo en grandes placas, formadas en parte de continente y en parte de océano. Por ejemplo, la placa de América del Sur incluye la mitad del Océano Atlántico Sur y la masa de América del Sur. Todo el tiempo se forman nuevas placas en las cordilleras de expansión (las montañas submarinas encontradas por el *Challenger*, p. 30) en los océanos, y las viejas placas oceánicas se reciclan en las zonas de subducción. En el proceso de subducción (p. 43), algunos sedimentos oceánicos e incluso islas se suman a los continentes. Las placas también explican la coincidencia entre las líneas de volcanes, las fosas oceánicas profundas y la ubicación de los terremotos.

Imagen de relieve global de la topografía del Polo Sur y los océanos Pacífico, Índico y Antártico

**UNA TEORÍA ALTERNATIVA**
En 1931, el geólogo británico Arthur Holmes (1890-1965) concibió otro mecanismo que podía causar el desplazamiento de las masas de tierra. Según él, las corrientes de agua caliente que subían por debajo de las cordilleras submarinas y descendían por el borde de los continentes, causaban el movimiento. En ese entonces no tenía bases para sustentar su teoría. Holmes también fue pionero del fechado radiométrico (págs. 60-61).

**MAPA DE LAS PLACAS TECTÓNICAS DEL MUNDO**
Los límites de las placas, o márgenes, dividen la superficie de la Tierra. Algunos pasan muy cerca de la unión entre los continentes y los océanos, pero la mayoría no tiene relación con los bordes continentales. La placa australiana incluye a Australia y una gran parte del océano Índico, además de otros mares cercanos. Hoy, toda la corteza oceánica tiene menos de 200 millones de años; se ha formado de magma en las cordilleras de expansión (págs. 38-39). La corteza anterior se ha consumido en las zonas de subducción (p. 43) y los continentes son mucho más antiguos (págs. 40-41).

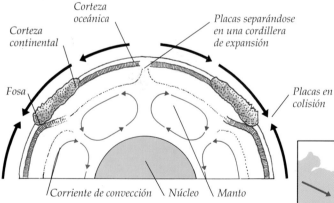

*Corteza oceánica*

*Corteza continental*

*Placas separándose en una cordillera de expansión*

*Fosa*

*Placas en colisión*

*Corriente de convección* \ *Núcleo* \ *Manto*

**PLACAS EN MOVIMIENTO**
Aún hay controversia acerca de lo que hace mover las placas sobre la superficie de la Tierra. Es posible que la corriente de convección en el manto ayude a empujarlas. El calor aumenta y la convección ocurre cuando se pierde calor del núcleo al manto; las corrientes se mueven con lentitud, llevando las placas. Cuando el manto enfriado desciende, un nuevo, caliente, lo reemplaza. Los científicos creen que el manto no reacciona con eventos de corto plazo, como un temblor, pero puede moverse en un flujo lento, en respuesta a largos periodos de tensión. El manto evoluciona lentamente cuando se convecciona, pasando algunas de sus sustancias a magmas que crean nuevas capas de placa.

**CLAVE DEL MAPA**

▲▲ Límite de la placa destructiva

⊓⎍⊓ Límite de la placa constructiva

- - - - Límite indeterminado de la placa

→ Dirección del movimiento de la placa

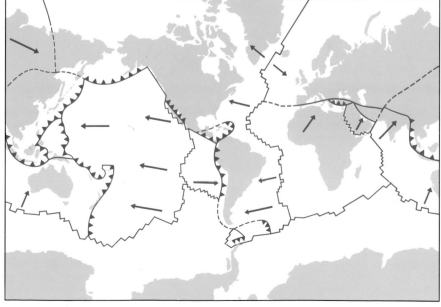

## PUNTO DE CALOR

Hawai, que tiene algunos de los volcanes más activos del mundo, no está en un límite de placas. Allí hay lugares aislados dentro de las placas oceánicas o continentales, donde el magma atraviesa las placas (págs. 44-45). Esto se llama punto de calor.

Mapa de relieve global de América del Norte y del Sur

## REGIÓN DE SAN ANDRÉS

En los márgenes de ciertas placas, éstas se deslizan una sobre otra a distintas velocidades, en direcciones opuestas o en la misma dirección. Como no hay mecanismo que produzca magma, no existen volcanes. Es una zona donde no se forman ni se destruyen placas (págs. 42-43).

## ISLANDIA

Al brotar magma del manto, se crea una nueva placa oceánica en el límite de la placa constructiva. El magma llena la grieta que queda cuando las placas se alejan. Islandia está formada de corteza oceánica, aunque está encima del nivel del mar (págs. 38-39).

## LOS ANDES, EN CHILE

Los volcanes, los terremotos y las fosas marinas profundas ocurren en los márgenes de las placas destructivas, llamados zonas de subducción. En ellas, la placa oceánica se consume o se destruye al sumergirse en el manto y posteriormente es cubierta por la placa vecina (págs. 42-45).

## GRAN VALLE DEL RIFT

Los continentes empezaron a separarse a lo largo de valles de grietas. En África, una grieta ramificada se extiende al sur del Mar Rojo. Esta área se elevó hace unos 20 millones de años, y brotó lava. Allí todavía hay muchos volcanes activos (págs. 48-49).

Cordillera del Atlántico Medio

# La formación del suelo marino

**HARRY HESS (1906-1969)**
El geólogo estadounidense Hess trabajó en submarinos durante la Segunda Guerra Mundial, trazando mapas de la topografía del suelo marino. Descubrió que el calor que fluía del fondo era mucho mayor de lo esperado. En 1960 señaló que el lecho del mar era nuevo, debido a las rocas del manto caliente que continuamente se elevan y cristalizan en los picos. Hess argumentó que el suelo marino se alejaba de los picos y se consumía de nuevo en el manto, en las fosas que rodean el océano Pacífico.

EL BARCO DE INVESTIGACIÓN *Challenger* (págs. 30-31) descubrió que la mayor parte del fondo marino está a 3 millas (5 km) bajo el nivel del mar. Dicho fondo está compuesto por piedras relativamente jóvenes, ninguna de más de 200 millones de años. En etapas anteriores hubo suelo, pero las rocas desaparecieron debido a la subducción en el interior de la Tierra, en los márgenes destructivos de las placas (págs. 36-37). Constantemente se forma nuevo suelo marino debido a la dispersión, que sucede en las crestas volcánicas. Allí, el magma sube desde el manto y llena la grieta dejada por el suelo al alejarse. La capa superior del suelo marino volcánico está compuesta por lava basáltica. Debajo hay una capa con estructuras verticales y, más abajo, otra hecha de gabro. El campo magnético de la Tierra cambia de dirección de vez en cuando, y estos cambios se registran en las piedras del nuevo suelo al cristalizarse.

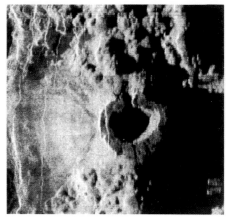

**VOLCÁN DEL SUELO MARINO**
Esta imagen de sonar muestra un volcán en la cordillera del Atlántico Medio. Algunos volcanes submarinos están activos y producen lava para formar islas. Otros, como éste, están por debajo del nivel del mar. Otros más, ya extintos, los *guyots,* tenían picos que estuvieron al nivel del mar, donde las olas los aplanaron. El fondo del mar se alejó de su cordillera de expansión, se enfrió y contrajo al moverse, llevando el guyot hacia aguas más profundas.

**FUMAROLAS NEGRAS**
Las aguas termales en las cordilleras de expansión emiten agua calentada por el magma subyacente. Las aguas termales son agua de mar que se ha filtrado dentro del nuevo suelo marino caliente, que se agrieta a medida que se enfría. El agua se calienta al circular a través de la roca, lo cual le permite disolver muchos minerales. Cuando el agua es expulsada, contiene varios sulfuros metálicos disueltos. Al entrar éstos en contacto con el agua fría, salen como una solución de partículas negras que forman una fumarola, estructura similar a una chimenea que mantiene formas de vida especialmente adaptadas (p. 10).

Atolón de Kayangel, en el Océano Pacífico

*Nódulo de manganeso*

**ATOLONES DE CORAL**
Los atolones de coral son islas en forma de anillos, creadas por los arrecifes de coral. Charles Darwin (1809-1882) dijo que eran arrecifes en los bordes de islas volcánicas sumergidas bajo el nivel de las olas. Muchas de ellas resultaron ser *guyots,* montañas planas hundidas en el océano. Harry Hess investigó por qué algunas no tenían borde de coral y concluyó que se habían sumergido debajo del nivel de erosión de las olas (p. 54), al ser transportadas lejos de las crestas calientes; unas se hundieron muy rápido como para que el coral siguiera formándose.

**NÓDULOS EN EL FONDO DEL MAR**
El suelo marino está sembrado de nódulos redondos que contienen manganeso. Éstos son comunes donde el sedimento se junta lentamente. Crecen poco a poco, añadiendo nuevas capas de metal en el exterior, y pueden llegar a juntarse, como en este caso. Mediciones de la edad de los anillos, a partir del fechado radiométrico (p. 61), muestran que los nódulos crecen muy lento. Hay controversia sobre su origen, pero el contenido de metal indica una conexión con los sulfuros metálicos de las fumarolas negras (arriba).

# Un mapa del océano

A partir del desarrollo de técnicas de ecosonar, un barco puede cartografiar las profundidades mientras viaja. En la década de 1950, mediciones sofisticadas trazaron un mapa del fondo marino y mostraron la diversidad de la topografía. Los sondeos revelaron volcanes, ríos, fosas y cordilleras de expansión, la cadena montañosa más larga del mundo, con 40,400 millas (65,000 km) de longitud.

En Islandia, la cordillera del Atlántico Medio está sobre el nivel del mar

**SOBRE EL NIVEL DEL MAR, EN ISLANDIA**
La cantidad de magma proveniente de la corteza bajo Islandia es tan grande, que una enorme capa de lava ha aumentado su masa continental. Allí, la cordillera está sobre el nivel del mar y su principal característica es un valle tectónico con gran actividad volcánica.

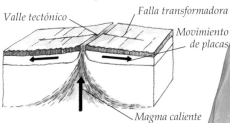

*Valle tectónico*   *Falla transformadora*   *Movimiento de placas*   *Magma caliente*

**FORMACIÓN DEL FONDO MARINO**
El magma caliente brota bajo una fisura –un valle tectónico– en el océano. Una parte del magma fluye directo al lecho marino y se cristaliza como lava basáltica. Otra parte se solidifica en el mismo valle tectónico, y una más se solidifica debajo, más lentamente.

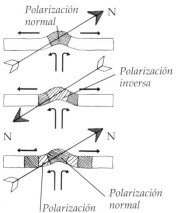

*Polarización normal*   N
*Polarización inversa*
N   N
*Polarización inversa*   *Polarización normal*

**BANDAS MAGNÉTICAS**
La lava basáltica contiene minerales que se alinean en la dirección del campo magnético de la Tierra mientras se cristalizan. Ocasionalmente, el campo magnético cambia de dirección y la lava conserva la que existía cuando se cristalizó. En un largo periodo, toda una serie de bandas que registran eventos de polaridad normal e inversa, forman el suelo marino (p. 61).

**LA CORDILLERA DEL ATLÁNTICO MEDIO**
Este modelo de una sección de la cordillera del Atlántico Medio fue hecho a partir de imágenes de un sonar. Unas cordilleras paralelas se desarrollan, mientras el valle tectónico se quiebra y expande; las paredes de la fisura se desploman hacia dentro. En el centro se aprecia lo más profundo de la grieta; lo rojo es lava que sale del manto. Secciones individuales de la fisura central son desplazadas por las fallas transformadoras, que modifican o mueven la cordillera de un lugar a otro.

*Grieta central*

*Las fumarolas negras surgen en las áreas más frías*

*Cordillera paralela*

*Parte más profunda de la grieta*

*Cordillera paralela*

**MOVIMIENTOS DE LAS PLACAS**
Esta imagen satelital muestra la topografía, o formas y estructuras, de una vasta área del fondo marino entre la Antártida y América del Sur. Las cordilleras paralelas sobresalientes son partes antiguas de la cordillera de expansión que rodea a la Antártida. Los geólogos usan estas figuras para averiguar la edad y los movimientos anteriores de las placas.

*Antártida*

# Exploración del interior

E<small>L INTERIOR DE LA</small> T<small>IERRA</small> puede permanecer inaccesible para siempre (p. 32), pero métodos indirectos han revelado que tiene una estructura de capas con un núcleo interno y otro externo, rodeados por un manto y una corteza. En 1910, el científico croata Andrija Mohorovicic (1857-1936), al estudiar la transmisión de ondas de un temblor local, concluyó que había una discontinuidad unos 21 millas (35 km) abajo. Ahora esto se conoce en su honor como la Discontinuidad de Mohorovicic –o Moho– y marca la base de la corteza. Hay indicios sobre la naturaleza del manto y del núcleo externo. Las erupciones volcánicas traen muestras de rocas del manto a la superficie, y la composición química del manto puede estimarse a partir de la de la lava basáltica, originada por un derretimiento parcial del manto. Otros indicadores son las ondas sísmicas, que viajan a velocidades variables por el interior de la Tierra, dependiendo de la densidad que atraviesan. Algunas se cortan completamente en el núcleo externo, lo cual indica que es líquido, no obstante la enorme presión que existe ahí. Al ver los cambios en las órbitas de los planetas y sus lunas, y de los satélites espaciales, se ha comprobado que la mayor cantidad de masa terrestre está en el núcleo.

Mundo subterráneo, imaginado en 1665

**CALOR DESDE ABAJO**
Las aguas termales que brotan violentamente como géiseres, son prueba visible de que la temperatura aumenta según la profundidad, dentro de la corteza terrestre. En las más profundas minas de oro modernas en Sudáfrica, el calor geotermal es tan intenso que es necesario enfriar el lugar para hacer posible cualquier actividad humana.

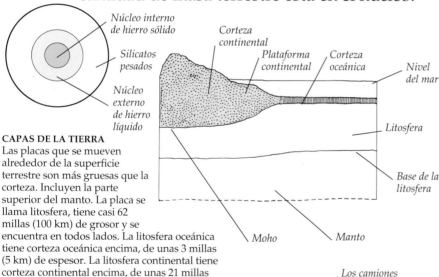

*Núcleo interno de hierro sólido*
*Silicatos pesados*
*Núcleo externo de hierro líquido*
*Corteza continental*
*Plataforma continental*
*Corteza oceánica*
*Nivel del mar*
*Litosfera*
*Base de la litosfera*
*Moho*
*Manto*

**CAPAS DE LA TIERRA**
Las placas que se mueven alrededor de la superficie terrestre son más gruesas que la corteza. Incluyen la parte superior del manto. La placa se llama litosfera, tiene casi 62 millas (100 km) de grosor y se encuentra en todos lados. La litosfera oceánica tiene corteza oceánica encima, de unas 3 millas (5 km) de espesor. La litosfera continental tiene corteza continental encima, de unas 21 millas (35 km) de espesor.

**USO DE ONDAS SÍSMICAS**
Las ondas sísmicas viajan a través de la Tierra, y el tiempo que tardan en hacerlo puede dar información sobre la estructura del material que atraviesan. Las vibraciones también pueden producirse artificialmente para investigar rocas inaccesibles poco profundas. Estos camiones emiten un rango restringido de vibraciones que reciben unos aparatos auditivos llamados geófonos, situados a diferentes distancias.

*Los camiones emiten vibraciones*

*Granate rojo*

**PERIDOTITA GRANATE**
La peridotita granate, que tiene casi la misma densidad que el manto, se encuentra en la superficie de la Tierra. La piedra volcánica diamantífera llamada kimberlita contiene peridotita granate. Para hacer diamantes se necesitan altas presiones, equivalentes a una profundidad de unas 93 millas (150 km) dentro de la Tierra, así que quizá los fragmentos de peridotita granate en la kimberlita son porciones del manto de la misma profundidad.

Eclogita

*La eclogita está en las profundidades de la corteza*

Granito

*Eclogita en la báscula*

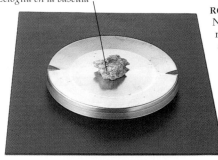

*Peso en gramos*

**+7.19** g

## 1 PESAR LA ROCA
Primero se pesa la muestra de eclogita.

## 2 MEDIR EL VOLUMEN
Para determinar el volumen de una roca en cuanto a densidad, se llena con agua un jarro de Eureka hasta donde el líquido fluye por el pico. Luego se deposita la roca, suavemente. El volumen del agua desplazada a través del pico es equivalente al volumen de la roca en centímetros cúbicos.

### ROCAS DENSAS
No podemos ver ni tocar el manto terrestre, pero algunas rocas de la superficie tienen la misma densidad, así que tal vez provengan de él. La densidad de una roca sugiere su composición. Las rocas de la corteza de los continentes tienen una densidad similar a la del granito: 2.8. Las rocas del manto son mucho más densas: 3.3. Para encontrar la densidad de una roca, se compara su masa con un volumen igual de agua.

*Eclogita dentro del jarro de Eureka*

*El agua desplazada cae en el vaso de laboratorio*

### WILLIAM LOGAN (1798-1875)
Viajando a través de terreno inexplorado, este geólogo canadiense hizo los primeros mapas de las rocas antiguas del Escudo canadiense (área que se ha mantenido estable). Se dio cuenta de su gran antigüedad y de que representaban rocas de los niveles más profundos. Se cree que estas rocas, que eran antiguos núcleos de los continentes, pueden estar debajo de las piedras continentales más jóvenes. El conocimiento de las rocas profundas aún es vago; se basa en el trabajo con ondas sísmicas (p. 42), y en comparaciones con rocas metamórficas (págs. 28-29) del escudo.

*Lago Bonneville, Salt Lake City, Utah, EE. UU.*

### ACTO DE EQUILIBRIO
Las gruesas y pesadas capas de hielo de la glaciación del Pleistoceno presionaron las capas superficiales de la corteza y, como resultado, emergió un poco del manto. Al derretirse el hielo la corteza se descargó y el manto fluyó lentamente de regreso para compensar la pérdida de masa. Lo hizo más lentamente de lo que se derritió el hielo, así que Escandinavia aún hoy se está elevando. Este efecto de equilibrio entre un material de alta densidad y uno de baja se llama isostasia.

### CIUDAD FLOTANTE
La isostasia actúa lentamente, pues el manto fluye de igual manera. El ajuste isostático puede verse en las planicies de sal del Lago Bonneville, donde se construyó Salt Lake City. Alguna vez estuvieron cubiertas por un profundo lago que se ha reducido mucho. El área aún se eleva en un ajuste isostático por la pérdida del peso del agua.

*El peso hace que la madera se hunda en el agua*

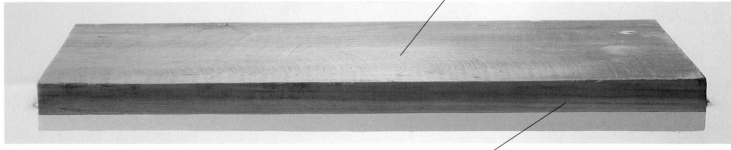

La capa de hielo presiona la corteza como un peso encima de la madera

*El peso se quita*

*La madera se hunde en el agua*

Los continentes flotan sobre el manto como la madera en el agua

*La madera sube*

# Terremotos y sismología

LA MAYORÍA DE LOS GRANDES TERREMOTOS ocurre en los límites de las placas, aunque un número significativo se origina en la mitad de las placas continentales (p. 36). La mayor parte de ellos son imperceptibles. Al gestarse un temblor, la tensión se acumula en el volumen de una roca. Esta tensión se origina debido al movimiento de las placas, ya sea que una se deslice sobre otra o que una placa sea deslizada bajo la corteza continental. En el punto y el momento en los que la tensión supera la fuerza de la roca, se produce una fractura. Ésta viaja a través de la roca y la energía se libera en todas direcciones como ondas sísmicas. Los sismógrafos son equipos muy sensibles utilizados para medir los movimientos de los temblores y registrar ondas sísmicas del lugar más remoto. Los sismólogos leen los registros para determinar el lugar de un temblor distante (su epicentro) y cuánta energía tuvo (su magnitud Richter). La intensidad, basada en la escala de Mercalli, se recopila a partir de reportes de testigos presenciales y del comportamiento de las construcciones.

**LA INESTABILIDAD DE JAPÓN**
Japón yace sobre el límite de una placa destructiva y, en consecuencia, tiene muchas erupciones volcánicas y grandes terremotos. La tierra se eleva rápidamente, formando montañas que se erosionan muy rápido. La población japonesa vive con continuos cataclismos y cambios en el paisaje.

**EDUARD SUESS (1831-1914)**
El geólogo austriaco Eduard Suess elaboró teorías acerca de las cordilleras y la relación entre ellas. Él no creía que la Tierra había evolucionado a través de una serie de catástrofes. Vio los continentes como regiones estables, con excepción de las zonas sísmicas, donde ocurren los terremotos.

*El mecanismo del reloj se detiene cuando comienza el movimiento*

**REGISTRAR TEMBLORES**
Los primeros sismógrafos incluían un dispositivo para captar el movimiento. Además, era necesario conservar un registro por escrito de dicho movimiento, así como anotar el momento en que ocurría la primera vibración, y la duración del movimiento. El principio de un sismógrafo es que la parte que registra se mueve con la Tierra, pero una gran parte del aparato permanece fija. En los primeros equipos, ésta a veces pesaba toneladas. El aparato moderno es pequeño, discreto, y usa circuitos electrónicos.

*La cinta telegráfica muestra la lectura*

**RUPTURAS EN EL SUELO**
Muchas personas imaginan que en un terremoto, la tierra se abre y se traga a la gente y los animales. Esto es raro, pero a veces el suelo se agrieta e incluso puede licuarse durante el movimiento, especialmente cuando las rocas subyacentes son sedimentos sueltos y saturados con agua. Durante la licuefacción, los edificios pesados pueden hundirse en el suelo o los objetos enterrados, como tuberías e incluso ataúdes, pueden subir a la superficie. En declives mojados es posible que ocurran derrumbes y avalanchas.

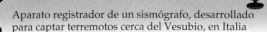
Aparato registrador de un sismógrafo, desarrollado para captar terremotos cerca del Vesubio, en Italia

### ONDAS PRIMARIAS Y OBSTRUIDAS

Las ondas de un temblor viajan en todas direcciones. Algunas penetran en la Tierra y su velocidad aumenta a medida que se encuentran con rocas más densas, de modo que viajan en trayectorias curvadas, para luego refractarse hacia la superficie de la Tierra. Las que penetran el núcleo aminoran la velocidad al pasar por el núcleo líquido exterior. De éstas, las ondas S, que cortan las rocas, no pueden viajar a través de líquidos y son obstruidas. Las ondas P tienen un movimiento más sencillo, mayor rapidez, y son las primeras que registra un sismógrafo.

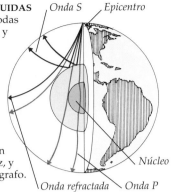

*Onda S* *Epicentro*
*Núcleo*
*Onda refractada* *Onda P*

# Falla de San Andrés

Los límites de la placa de San Andrés son un complejo de fallas de casi 62 millas (100 km) de ancho. Ahí, la placa del Pacífico se mueve hacia el noroeste en relación con la masa de tierra de Norteamérica continental, de modo que el movimiento relativo a lo largo del límite es lateral. En estos límites de la placa, o márgenes, la placa no está formada (págs.

*América del Norte*

*La falla de San Andrés, en la costa oeste de EE. UU.*

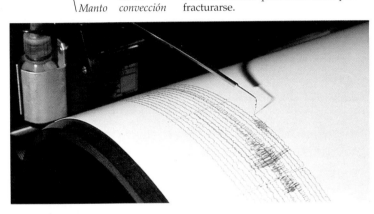

*Ocurren los temblores* *Zona de subducción* *Corteza oceánica*
*Dirección de las corrientes de convección*
*Manto*

### ZONAS DE SUBDUCCIÓN

Los terremotos se concentran en zonas en declive bajo las cordilleras y los arcos de isla. Las placas tectónicas (págs. 36-37) explican que éstos ocurren donde la corteza oceánica es deslizada hacia el manto. La mayor profundidad a la que se originan los terremotos es 435 millas (700 km). Se cree que más abajo, la fría litosfera descendiente se ha calentado tanto en el manto que ya no es lo suficientemente quebradiza como para fracturarse.

*El río se ha movido a los lados debido a la falla*

*Línea de falla* *Carretera* *Falla transversa, donde las placas se resbalan unas con otras*

### FAMOSA LÍNEA DE FALLA

El movimiento telúrico es menos intenso mientras más lejos está del foco, el punto donde se origina el terremoto bajo el epicentro. Los terremotos profundos provocan menos movimiento en la superficie que está encima. Los terremotos en la falla de San Andrés son poco profundos; no llegan a 19 millas (30 km) abajo.

*Placa en movimiento* *Mar* *Masa de tierra*

### FALLA TRANSVERSA

Las fallas que suelen moverse hacia los lados se llaman fallas transversas. A lo largo de algunas secciones de la línea de falla, el movimiento es casi continuo. En otros parece aglomerado y la presión se acumula, dando lugar a un gran terremoto.

### REGISTRO DE TERREMOTOS

Un sismómetro registra el movimiento de la tierra en puntos estratégicos. Estas lecturas pueden transmitirse por radio o línea telefónica a una estación. Aquí, un registro en papel muestra un componente del movimiento terrestre.

### SEPARAR LA TIERRA

Algunas fallas ocurren porque la roca está bajo tensión. Este modelo (abajo) muestra cómo se desarrollan las fallas en una serie de capas de rocas sedimentarias. Si las capas son estiradas, llega un momento en que la fuerza de la roca es incapaz de mantenerla unida.

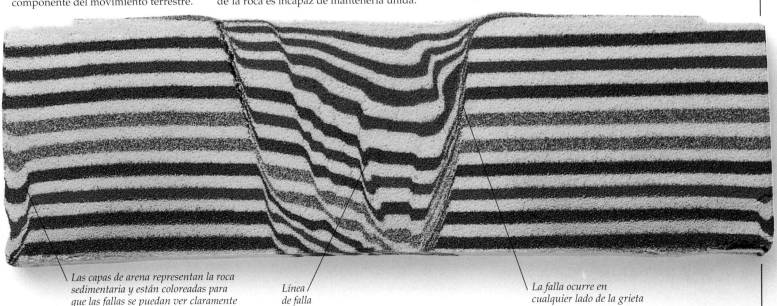

*Las capas de arena representan la roca sedimentaria y están coloreadas para que las fallas se puedan ver claramente*

*Línea de falla*

*La falla ocurre en cualquier lado de la grieta*

# Vulcanología

L A PALABRA VOLCÁN se aplica al orificio en la tierra por donde sale la lava y a la montaña que se construye a partir de las erupciones. La lava que hace erupción, es un líquido caliente de silicato que contiene gas. Su viscosidad varía enormemente. Una lava es fluida y corre libremente. Otra es tan viscosa que apenas fluye y se acumula alrededor del agujero en la tierra, creando un domo. Si transcurre mucho tiempo entre las erupciones –cientos o incluso miles de años–, la punta completa del volcán se desintegra en una gran explosión. La mayoría de los volcanes ocurre en cadenas que siguen los límites de la placa. La teoría de las placas tectónicas (págs. 36-37) explicó por qué los volcanes no están repartidos al azar. Muchos de ellos parecen estar en las costas del Océano Pacífico y en una franja que corre del Mediterráneo a Indonesia. Algunos están en zonas de subducción (p. 43), donde el suelo marino desciende hacia el manto y se derrite parcialmente, produciendo magma (p. 25). Otros ocurren en las cordilleras de expansión, donde generan nuevo suelo marino (p. 39). Otros más se localizan en valles tectónicos, donde los continentes comenzaron a separarse (p. 49).

**EL MONSTRUO AGRACIADO**
El Vesubio, en Italia, hizo erupción en el año 79 d.C. Las ciudades romanas de las laderas, rodeadas de vides, se sumergieron en ceniza caliente. Ésta es la erupción menos devastadora de 1872.

Islandés

Hawaiano

Estromboliano

Vulcaniano

Peleano

Pliniano

*El asa larga permite al vulca-nólogo permanecer a buena distancia*

*El gancho de metal doblado recoge lava del flujo*

**RECOLECCIÓN DE LAVA**
La lava cambia cuando se enfría y se solidifica. Los vulcanólo-gos (científicos que estudian los volcanes) observan los eventos durante una erupción y recogen muestras que ayudan a entender la formación de magma y a predecir qué tan lejos y qué tan rápido viajará la lava. Esta varilla se utiliza para recolectar lava caliente.

**CLASIFICACIÓN DE ERUPCIONES**
Las erupciones se describen según la explosión de su actividad. Esto incluye leves emana-ciones de lava y grandes erupciones en las que los gases de magma escapan en explosiones intermitentes o nubes de ceniza caliente.

*Forma torcida*

**ESTUDIO DE LOS VOLCANES**
Observar un volcán activo puede ser peligroso. Para acercarse a la acción se necesita usar ropa especial, resistente al calor. Ésta protege del calor, el gas y las burbujas de lava que caen, pero también dificulta los movimientos del vulcanólogo. Para describir una erupción, se usan las clasificaciones internacionales del tipo de erupción (arriba, derecha). Esta fotografía muestra a un vulcanólogo frente a una fuente de fuego en una erupción de tipo hawaiano que tiene lugar en Islandia.

*Superficie vesicular áspera*    Bomba de lava

**BOMBA DE LAVA**
Los fragmentos de lava que arrojan las fuentes de fuego aún están derretidos y vuelan por el aire. Se enfrían al caer y toman forma a partir de su vuelo.

# Volcanes hawaianos

Las islas hawaianas están en la cima de una cadena de islas volcánicas sobre un punto de calor en el manto, que ha producido magma por seis millones de años. El sitio de actividad volcánica en la superficie parece haberse movido, pero el punto de calor en el manto permanece inmóvil; la placa del Pacífico es la que se mueve, y lleva los volcanes al noroeste.

Asia
América del Norte
Océano Pacífico

Cadena de islas hawaianas

El núcleo del Kilauea

Lava nueva

Lava viscosa de una erupción hawaiana

### LAVA PARECIDA A UNA CUERDA
Al enfriarse la lava muy fluida, se forma una capa vidriosa en la superficie. El flujo interno puede empujar la capa, creando arrugas que asemejan las de una cuerda.

*Superficie arrugada*

### EXPLOSIONES
La imagen más conocida de los volcanes es una montaña cónica con un cráter en la cima, de donde cada cierto tiempo fluye lava. En realidad, algunos son sólo cuarteaduras en el suelo; si son en el océano, la lava cubre el lecho marino. Las erupciones de lava muy fluida son menos peligrosas que aquellas de lava viscosa, que brota explosivamente. Ésta puede sepultar pueblos bajo gruesas capas de ceniza.

### EL VOLCÁN MÁS GRANDE
En la "isla grande" de Hawai, emergió lava del volcán Kilauea durante 10 años, empezando a principios de la década de 1980. Los declives del sur de la isla fueron cubiertos de lava nueva. En realidad, la isla creció al fluir lava dentro del mar, creando nueva tierra. Arriba del nivel del mar, la isla completa es sólo una pequeña fracción del volcán; el resto está escondido bajo el mar. El volcán completo tiene 32,800 pies (10,000 m) de altura, lo que lo convierte en la montaña más alta (desde el suelo marino hasta la cima) de la Tierra.

*Arco de isla*    *Fosa*    *Cordillera de expansión*    *Cadena de volcanes*

*Punto de calor*    *Zona de subducción*

### VOLCANES Y PLACAS TECTÓNICAS
Pocos volcanes, algunos de ellos los más grandes y activos de la Tierra, se encuentran a la mitad de la placa; son los volcanes de punto de calor. Al moverse la placa sobre este punto, se forma una cadena de islas volcánicas, que se hacen viejas a medida que se alejan del punto de calor.

Lava vesicular de una erupción tipo hawaiana

*Burbuja de gas (vesícula)*

### LAVA VESICULAR
Cuando la lava emerge, brota gas volcánico en forma de burbujas del líquido. Durante el enfriamiento las burbujas no pueden escapar, así que la lava se endurece con el gas dentro.

# La formación de las montañas

LOS GEÓLOGOS ALGUNA VEZ PENSARON que las estructuras plegadas en las cordilleras mostraban que la Tierra se estaba encogiendo, y las comparaban con las arrugas de una manzana marchita. Ahora sabemos que las cordilleras están compuestas de rocas que se apilan y deforman en complicadas estructuras, y que la Tierra no se está encogiendo porque los océanos forman nueva corteza todo el tiempo (págs. 38-39). Por lo general hay más de una generación de deformaciones en la creación de una cordillera; los dobleces se redoblan. Un rasgo común en las cordilleras es que las rocas al pie de la montaña son sedimentarias (págs. 26-27), mientras que las ubicadas a la mitad son rocas con complejas estructuras; éstas pueden estar intensamente deformadas y recristalizadas (págs. 24-25). Las cordilleras jóvenes situadas en los límites de placas (págs. 36-37) pueden tener volcanes en las cumbres de las estructuras. En la formación de montañas hay mucha reducción y aplastamiento de la corteza. Sin embargo, la deformación y el levantamiento de tierra por sí solos no crean los picos dentados que se conocen como montañas. La erosión (págs. 54-55) de muchos kilómetros de espesa roca en la elevada masa de tierra expone el núcleo de la cordillera. El proceso completo que forma cordilleras se llama orogénesis.

**CRUZANDO LOS ALPES**
El explorador y físico suizo Horace Benedict de Saussure (1740-1799) cruzó los Alpes 17 veces en distintos lugares para tratar de entender cómo se formaban las cordilleras. Al final, decidió que las montañas eran una mezcla de casualidades y que no era posible entender su estructura.

*Los pliegues superiores se han erosionado*

*Las capas de sedimento fueron horizontales*

**LAS MONTAÑAS ROCOSAS**
A finales del siglo XIX se suponía que cierta parte del encogimiento de la corteza en las cordilleras era producto del empuje de unas rocas contra otras. Esto se llama corrimiento, e involucra movimientos casi horizontales, en gran escala, de las capas superiores de la corteza. Parecía una idea improbable, pero resultó ser cierta. Las estructuras de las montañas Rocosas tienen múltiples corrimientos, una masa sobre otra. Es complicado imaginar cómo pudieron realizarse estos grandes movimientos en un material tan duro y quebradizo como la roca. La sección superior de rocas que es empujada durante el corrimiento se llama napa.

Las montañas Rocosas, en la costa oeste de América del Norte

**MONTAÑAS PLEGADAS**
Las montañas muestran capas de sedimentos que han sido plegados en formas complejas. Este estrato vertical en el sur de Inglaterra se dobló al mismo tiempo que se formaron los Alpes, muy al sur de ahí.

*Deformación simple de roca sedimentaria*

*Pie de la montaña*

## MODELAR MONTAÑAS

Es difícil entender cómo se forman las complicadas estructuras que estudian los geólogos. Se pueden hacer modelos simplificados de las cordilleras creadas por colisiones continentales en un laboratorio: una máquina esparce arena de colores en un tanque, y se mete poco a poco una hoja de papel bajo la arena, reduciendo la longitud de las capas para imitar la subducción (p. 43).

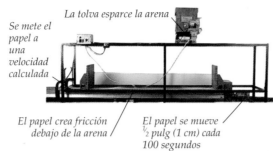

*Se mete el papel a una velocidad calculada*

*La tolva esparce la arena*

*El papel crea fricción debajo de la arena*

*El papel se mueve ½ pulg (1 cm) cada 100 segundos*

# Los Andes

En los Andes hay múltiples signos de levantamientos continuos y otras actividades tectónicas. Muchos de los terremotos más grandes se originan ahí. Se han encontrado sedimentos marinos jóvenes muy por encima del nivel del mar, lo que indica que el levantamiento ha sido rápido. Hay muchos volcanes activos, que conforman varios de los picos más altos sobre la cordillera misma. Los volcanes han producido grandes niveles de ceniza, que originaron la elevada meseta del altiplano.

América del Sur

*La cordillera de los Andes*

Los sedimentos se depositan

*Primeros pliegues*

El papel tiene una velocidad constante. Hay dobleces en forma de Z

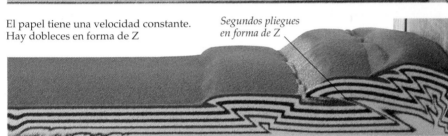

*Segundos pliegues en forma de Z*

Comienzan a crearse nuevos pliegues; los primeros están muy deformados

Empiezan a formarse tres napas, cada una con un plano subyacente de corrimiento

*Napa*

## ETAPA FINAL

Una serie de corrimientos ha colocado cada napa encima de otra. Este modelo representa parte de lo que sucede en la naturaleza. En realidad, el levantamiento, la formación de pliegues y el corrimiento vienen acompañados de erosión, intrusión y volcanes.

## MONTAÑAS EN CHILE

La dentada naturaleza de las montañas proviene de la erosión de la tierra que se ha elevado por corrimiento y deformado por orogénesis.

*Cordillera*

*Mar*

*Corteza continental*

*Sedimentos removidos del suelo marino*

## LÍMITE DE PLACAS DESTRUCTIVAS

El movimiento destructivo de placas en los Andes ocurre cuando la corteza oceánica se desliza bajo la corteza continental. Los sedimentos del suelo oceánico son removidos y agregados al continente.

*Napa*

*Plano de corrimiento*

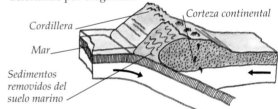

# Mesetas y grietas

CUANDO UN CONTINENTE comienza a separarse, aparece un nuevo límite de placas. Esto ocurrió hace 200 millones de años, al empezar a crecer el Océano Atlántico (págs. 38-39). Hoy, cl continente africano se está separando en el Valle del Rift para crear un nuevo límite de placas. No todos los valles de grietas se vuelven océanos; unos permanecen como grietas llenadas por capas de rocas ígneas y sedimentos. Algunas mesetas se forman al chocar los continentes entre sí. Esto sucede cuando no hay corteza oceánica que pueda ser deslizada entre ellos. A diferencia de la corteza oceánica, la continental no se desliza, pues es muy ligera. Si se juntan los bordes de los continentes hay un gran choque, en vez de que una placa se deslice bajo la otra; esto crea una meseta elevada, como la tibetana. Otras mesetas se forman al levantarse gradualmente una región entera.

**EL CAÑÓN AUSTRIACO**
Un cañón es un valle profundo con pendientes verticales que han sido desgastadas y erosionadas por el agua de río. Los Alpes austriacos tienen canales de piedra caliza.

**JOHN WESLEY POWELL (1834-1902)**
Powell fue un estadounidense que exploró el Gran Cañón en 1869. Perdió el brazo derecho en la guerra de Secesión, pero se las arregló para escalar algunas paredes del cañón y navegar a través de los rápidos.

**MODELO DE LAS GRIETAS**
Este modelo (abajo) demuestra el resultado del proceso de las grietas. Las capas muestran las fracturas que crean los valles de grietas, a veces con varias fallas más o menos paralelas, cada una de las cuales permite que el área de brecha caiga más bajo. La sección de grietas a veces se conoce como graben. Entre los bloques que descendieron hay regiones que permanecen elevadas; se llaman horsts.

**EL GRAN CAÑÓN**
El enorme grosor de sedimentos que forman la meseta de Colorado se ha levantado 9,840 pies (3,000 m) en los últimos 60 millones de años. El equipo de Powell se dio cuenta de que no había señales de glaciación en el cañón. La única respuesta era que el río lo había erosionado, cortando primero a través de los sedimentos blandos y luego a través de rocas metamórficas y granitos, en el fondo del actual Gran Cañón.

*La arena roja y blanca muestra los estratos sedimentarios formados al mismo tiempo que las grietas*

*Horst*

*Graben*

# El Gran Valle del Rift

Atravesando el este de África, de Mozambique al Mar Rojo, hay un gran valle de grietas que se ramifica en dos partes. Allí, África se está dividiendo en fallas, donde se ha abierto paso la litosfera continental (p. 40). Volcanes jóvenes y activos, y muchos temblores, son prueba de que la grieta está activa. En el norte, donde el Rift se une con el Mar Rojo, en la depresión de Danakil, el piso de la brecha está por debajo del nivel del mar; está hecho de corteza oceánica, pero sigue siendo tierra. Más al sur, ninguna de las rocas africanas tiene corteza oceánica. En el futuro, un nuevo océano puede separar a África Oriental del resto del continente.

*Montañas* / *Lago en la meseta* / *Lago en la meseta*

**LA MESETA TIBETANA**
La región nivelada más alta de la Tierra es la meseta tibetana, a 14,760 pies (4,500 m) sobre el nivel del mar. Está rodeada de montañas jóvenes, cuyos orígenes están ligados. Otras mesetas, como algunas en África, no tienen cerca cordilleras jóvenes; al parecer se han formado por simple levantamiento.

*India*     *Meseta*     *Asia*

*Corteza gruesa* / *Chocan masas de tierra* / *Se forma el Himalaya*

**ROMPER MASAS DE TIERRA**
Durante los últimos 10 millones de años, la India se ha movido hacia el norte dentro de Asia, después de la subducción total (p. 43) del Océano Tetis, que se extendía entre las dos masas de tierra. Al chocar, Asia se deformó y se fracturó, y se creó el Himalaya. El interior comenzó a comprimirse para formar la meseta tibetana.

*Antena satelital*

*África*

*Gran Valle del Rift*

*Depresión de Danakil*    *Mar Mediterráneo*

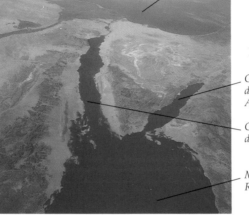

Vista satelital de los golfos de Suez y Aqaba, y el Mar Rojo

*Golfo de Aqaba*

*Golfo de Suez*

*Mar Rojo*

**SECCIÓN DEL RIFT KENIANO**
Los valles de grietas tienen volcanes dentro de ellas, y gran cantidad de lava sobre las áreas en forma de meseta, a ambos lados. Las líneas de falla que corren por el Gran Valle del Rift, en Kenia, se ven claramente en esta fotografía aérea.

**UN OCÉANO MINIATURA**
Los estudios de gravedad y magnéticos en el Mar Rojo revelaron que los sedimentos submarinos estaban debajo de la corteza oceánica. La investigación mostró que había un patrón de bandas magnéticas (p. 39) paralelas a la longitud del Mar Rojo; a partir de éstas se puede calcular que la tasa de diseminación es de 1 pulg (25 mm) por año. A medida que el Mar Rojo se expande, Arabia se mueve hacia el noreste, lejos de África y cerca del Golfo Pérsico.

*Fallas paralelas*

*Capas engrosadas, rojas y blancas, en el graben*

*Fractura*

*Capas de sedimento más delgadas en el horst elevado*

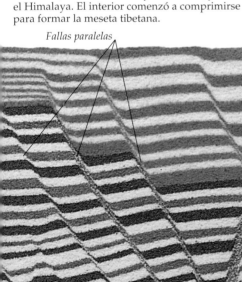

# Procesos de desgaste

Los procesos de erosión dejan extrañas formas en el paisaje

MUCHOS DE LOS MINERALES de las rocas son estables a altas presiones y temperaturas en lo profundo de la corteza (págs. 40-41), pero son químicamente inestables en la atmósfera rica en oxígeno de la Tierra. Las rocas reaccionan químicamente con la atmósfera húmeda de la Tierra en un proceso llamado desgaste, que ocurre justo en la superficie y contribuye a los accidentes geográficos. Cierto tipo de desgaste es puramente químico; por ejemplo, la acción de la lluvia ácida sobre la piedra caliza (p. 17). La temperatura también tiene un papel en el proceso. Durante el día, la roca puede ser calentada por el sol. En la noche, al descender la temperatura, el cambio deriva en tensiones y cuarteaduras en las rocas. Esto se agudiza si el agua se congela en las grietas (págs. 58-59). Plantas, animales, líquenes y hongos también ayudan en dichos procesos, que nunca ocurren aislados. La mayoría de los paisajes resultan de la combinación de varios procesos de desgaste. Los minerales de la roca se separan y cambian con el desgaste; este material puede ser transportado y depositado en otra parte (págs. 56-57).

**ACCIÓN VEGETAL**
Las raíces de la planta penetran las grietas de la roca y toman químicos de ella para usarlos en su metabolismo. Cuando la planta crece y las raíces se engruesan, las grietas se expanden y rompen la roca. Los árboles contribuyen al desgaste, igual que los musgos y los líquenes, cuyas raíces con hongos penetran las piedras más duras.

**ACCIÓN ANIMAL**
Animales como los conejos y los tejones, y pequeñas criaturas como los escarabajos, se abren paso en la zona de roca desgastada, donde la piedra sólida entra en contacto con el aire húmedo. Esto aumenta la tasa de desgaste, pues hace mayor la superficie de la roca. Esta piedra erosionada se llama saprolita.

**ROCA ENROJECIDA**
Las colinas aisladas, restos de una superficie más alta y más antigua, permanecen sobre una superficie de tierra más joven. Estas montañas se llaman inselbergs. El color rojo del Uluru (Roca de Ayers), en Australia Central, se debe a los óxidos de hierro, la parte insoluble que queda después de que los silicatos son descompuestos por el clima.

**CAMBIOS EN LA TEMPERATURA**
Las rocas en estos cañones de Utah, en Estados Unidos, son desgastadas por la temperatura, el viento y el agua. Los cambios térmicos crean agrietamiento, pues las piedras se expanden y encogen. Si un área se vuelve muy fría, el agua que se cuela entre las grietas se expande a medida que se congela y rompe la piedra.

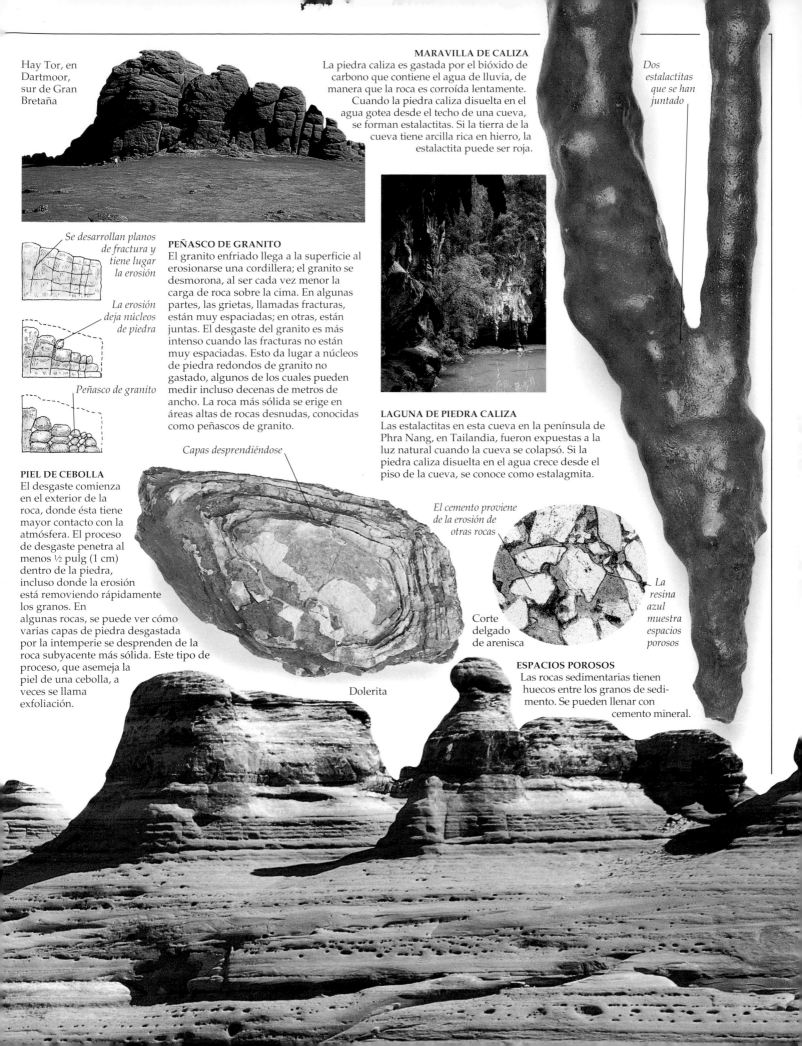

Hay Tor, en
Dartmoor,
sur de Gran
Bretaña

**MARAVILLA DE CALIZA**
La piedra caliza es gastada por el bióxido de
carbono que contiene el agua de lluvia, de
manera que la roca es corroída lentamente.
Cuando la piedra caliza disuelta en el
agua gotea desde el techo de una cueva,
se forman estalactitas. Si la tierra de la
cueva tiene arcilla rica en hierro, la
estalactita puede ser roja.

Dos
estalactitas
que se han
juntado

Se desarrollan planos
de fractura y
tiene lugar
la erosión

La erosión
deja núcleos
de piedra

Peñasco de granito

**PEÑASCO DE GRANITO**
El granito enfriado llega a la superficie al
erosionarse una cordillera; el granito se
desmorona, al ser cada vez menor la
carga de roca sobre la cima. En algunas
partes, las grietas, llamadas fracturas,
están muy espaciadas; en otras, están
juntas. El desgaste del granito es más
intenso cuando las fracturas no están
muy espaciadas. Esto da lugar a núcleos
de piedra redondos de granito no
gastado, algunos de los cuales pueden
medir incluso decenas de metros de
ancho. La roca más sólida se erige en
áreas altas de rocas desnudas, conocidas
como peñascos de granito.

**LAGUNA DE PIEDRA CALIZA**
Las estalactitas en esta cueva en la península de
Phra Nang, en Tailandia, fueron expuestas a la
luz natural cuando la cueva se colapsó. Si la
piedra caliza disuelta en el agua crece desde el
piso de la cueva, se conoce como estalagmita.

Capas desprendiéndose

**PIEL DE CEBOLLA**
El desgaste comienza
en el exterior de la
roca, donde ésta tiene
mayor contacto con la
atmósfera. El proceso
de desgaste penetra al
menos ½ pulg (1 cm)
dentro de la piedra,
incluso donde la erosión
está removiendo rápidamente
los granos. En
algunas rocas, se puede ver cómo
varias capas de piedra desgastada
por la intemperie se desprenden de la
roca subyacente más sólida. Este tipo de
proceso, que asemeja la
piel de una cebolla, a
veces se llama
exfoliación.

El cemento proviene
de la erosión de
otras rocas

La
resina
azul
muestra
espacios
porosos

Corte
delgado
de arenisca

**ESPACIOS POROSOS**
Las rocas sedimentarias tienen
huecos entre los granos de sedimento. Se pueden llenar con
cemento mineral.

Dolerita

# Vida a partir de las rocas

LAS ROCAS SE DESGASTAN EN LA SUPERFICIE de la Tierra, donde entran en contacto con el aire húmedo. En cuanto las plantas se enraízan en la saprolita (p. 50) desgastada, comienza el proceso de elaboración del suelo. Entre los factores determinantes están el clima, la vegetación, la topografía y la naturaleza de la roca de la que está hecha la tierra. Además del material mineral de la roca, la tierra contiene material orgánico, conocido como humus. Consta de raíces, plantas y materia animal en descomposición, y microorganismos y químicos orgánicos que son parte de la descomposición de materia vegetal y animal causada por hongos y microbios. Animales como caracoles y lombrices, son parte de la materia orgánica. El agua y el aire entre las partículas son parte vital de la tierra; sin ellos, las plantas se sofocarían. Los procesos naturales que crean la tierra son lentos y complejos; duran decenas de miles de años. En cambio, el suelo puede acabarse en sólo una década.

**LA MADRE TIERRA**
En las civilizaciones agrícolas primitivas, la fertilidad de las mujeres y la fecundidad de la tierra eran vistas como dos partes de la milagrosa continuidad de la vida. En la mitología romana antigua, Proserpina, hija de Ceres, la diosa romana de la fertilidad, fue secuestrada y llevada al inframundo, donde comió algunas semillas de granada. Durante su cautiverio, en los meses de invierno, la cosecha no creció, los animales fueron infértiles y la muerte acechó la tierra.

**TERRAZAS PARA LA AGRICULTURA**
Las terrazas artificiales, donde la ladera de la colina está cortada en escalones, hacen más fácil el cultivo de la pendiente, pues es más sencillo irrigar y arar en la tierra nivelada. Además, estabilizan las pendientes al reducir el ritmo al que la tierra cae por ellas. Las terrazas se usan comúnmente en el cultivo de arroz.

Terrazas en las laderas de Yemen

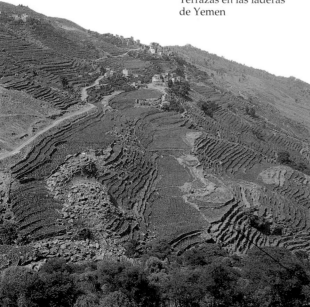

Terraza en la ladera

**PERFIL DE LA TIERRA**
Una sección cavada a través de la tierra hasta las rocas subyacentes, revela el perfil de la tierra. Ésta tiene varias capas distintas. La capa superficial se llama horizonte A. En ella, el jardinero o granjero cava o siembra a través del mantillo. Debajo de ella se encuentra el horizonte B, que puede contener acumulaciones de material mineral filtrado de las capas superiores. El horizonte B posee más fragmentos de roca que la roca madre. El horizonte C contiene un alto porcentaje de la roca rota y desgastada de la que se derivó la tierra superior.

Tierra café (alto contenido de humus)

*Horizonte A: contiene materia orgánica*

*La creta desgastada; deja pedernal*

*Horizonte B: contiene poca materia orgánica*

Tierra podsólica (presente en climas templados)

*Horizonte A: contiene materia orgánica*

*Horizonte B: contiene poca materia orgánica*

*Horizonte C: es la capa de piedra*

*Creta*

*Horizonte C: es la capa de piedra*

## TIERRA, AIRE Y AGUA

La manera en que se agrupan las partículas de tierra es importante para el cultivo, así como el tamaño de los granos minerales. Las tierras lodosas son ricas en humedad y nutrimentos, pero el agua pasa lentamente y es difícil enraizar y extraer nutrientes. Las tierras arenosas poseen grandes espacios porosos y el agua se filtra fácilmente. Para investigar la naturaleza de los dos suelos, se deposita la misma cantidad de ambas tierras en tubos de ensayo y se les añade cierta cantidad de agua. La diferencia de la penetración se aprecia fácilmente. El tipo ideal de tierra se encuentra en un punto intermedio.

*El agua se drena lentamente*

*El agua se absorbe con rapidez en los espacios porosos*

Tierra arenosa    Tierra arcillosa    Tierra arenosa    Tierra arcillosa

## UN ORGANISMO VIVIENTE

La tierra es el puente entre la vida y la parte rocosa del planeta, sin el cual la vida sería imposible. En ella suceden los intercambios químicos que permiten el crecimiento de las plantas. Cuando éstas mueren, su contenido químico vuelve al suelo. Los microorganismos de la tierra (hongos y bacterias) convierten las plantas muertas y la materia animal en químicos simples que enriquecen el suelo. Al cosechar un cultivo, la tierra pierde fertilidad. Para que siga produciendo, debe recuperar nutrientes a través del desgaste de las rocas o el uso de fertilizantes.

## EL DESLIZAMIENTO DE LA TIERRA

La tierra se mueve constantemente colina abajo, debido a la gravedad. Los animales que caminan por la pendiente empujan la tierra a su paso. Cuando llueve, el suelo se moja y se desliza como un flujo de lodo. En una helada, las partículas de tierra se desprenden de la ladera; cuando se descongelan, se asientan más abajo, por efecto de la gravedad. Los árboles en una ladera suelen mostrar dichos movimientos del suelo. Cuando son jóvenes, crecen verticalmente pero, poco a poco, el deslizamiento los ladea hasta que se inclinan. A veces crecen curvos, tratando de mantenerse verticales hacia la luz.

*Flores silvestres*

*Pasto*

*Caracol*

*Hoja en descomposición*

*Tierra oscura, rica en humus*

*Babosa*

*Guijarros*

*Raíces*

# Erosión

EL DESGASTE ROMPE LAS ROCAS para formar material suelto o minerales de rocas disueltos. La erosión es cualquier forma en la que el material disuelto y los fragmentos sueltos de roca son removidos de la roca original y transportados a otro lugar, generalmente debido a la gravedad. El material puede ser acarreado por el agua, el hielo de un glaciar (págs. 58-59) o el viento. La cantidad de fragmentos de roca transportados se relaciona con la velocidad a la que viaja el agua, por lo que los ríos rápidos pueden erosionar gran parte del paisaje. Durante la erosión y el acarreamiento, los fragmentos se acomodan según su tamaño y naturaleza. Los elementos químicos de la solución pueden llegar hasta el mar, donde hacen más salada el agua. En climas templados, donde la lluvia es frecuente, el barro y los granos de arena son llevados por el agua de lluvia a través de las pendientes, y luego por los ríos. Los fragmentos de roca más pesados caen primero, dondequiera que la velocidad del río disminuye. En las costas donde el mar tiene contacto con los peñascos, la tierra está en constante erosión.

## CAÍDAS DE AGUA

A medida que los ríos bajan desde las montañas hasta el nivel del mar, algunas irregularidades en las rocas o cualquier cambio de curso pueden generar rápidos, cascadas o lagos. Los saltos de agua indican el lugar del curso del río donde hay erosión activa. Las cascadas también son comunes en los valles que se han congelado (págs. 58-59).

## COSTAS IRREGULARES

El oleaje que golpea las costas lo hace primero en los promontorios. Las olas se curvan al encontrarse con aguas menos profundas y después rompen contra los lados del promontorio. Si hay planos de fractura (p. 51) en la roca, o rocas más suaves, éstas se erosionan más rápidamente. Primero se forma un arco. Después, si el techo se desploma, queda un cúmulo aislado. Las olas que golpean la costa en un ángulo mueven los fragmentos de roca lateralmente, en ocasiones a cientos de kilómetros.

*Promontorio*  *Las olas se curvan alrededor*  *Se forma un arco*  *Queda un cúmulo*

## CAMBIO DE LA CARA DE UN RISCO

Las olas que se topan con una costa rocosa y empinada rompen en la base del risco, con toda su fuerza. Ahí, la disolución y el desgaste se producen al mojar la roca el agua salada y luego secarse en la marea baja. La sal se cristaliza y destruye los granos de la roca. El risco queda cincelado, sobre todo por la acción de las olas; con el tiempo la parte superior cae, rompiéndose a lo largo de una resquebrajadura que puede ser un plano de fractura original. La forma del risco depende de la resistencia de las rocas al oleaje.

Caleta Man'o War, sur de Gran Bretaña

## LAS OLAS: AGENTES DE EROSIÓN

Las olas se forman debido a los vientos que soplan sobre el agua. En aguas profundas, el frente de las olas está alineado paralelamente. Al encontrar aguas poco profundas, se dobla y golpea la costa en una curva, afectando su forma. El arrecife de esta costa destruye la fuerza de las olas. Las pequeñas olas curvas resultantes contribuyen a la forma característica de la caleta. Cada ola que llega mueve piedras y arena lateralmente, a lo largo de la playa; el agua a contracorriente regresa el material a la playa.

*El frente de olas se curva*

Riscos de Normandía, Francia

*Arco*

*Promontorio*

*Cúmulo*

**LA CRISTALIZACIÓN DE LA SAL**

Los pináculos de roca desgastada en un clima seco muestran duras franjas de roca que sobresalen de la superficie. Otras capas se desgastan y erosionan más fácilmente. Esta forma desigual de esculpir se relaciona con los cambios en el tamaño de los granos y los poros de las capas de roca. Los poros grandes permiten que el agua penetre en la roca cuando llueve. En un clima seco, o con fuertes vientos, la superficie de la piedra se seca antes que el interior. Posteriormente, cuando el agua del interior se seca, la sal desgastada de la roca se cristaliza justo debajo de la superficie. Esto separa los granos de la roca, que son llevados por el viento.

**ARENAS DEL TIEMPO**

El desgaste en el desierto es el resultado de la fractura producida por los cambios de temperatura y la cristalización de la sal. Por lo general, la erosión es consecuencia del viento que mueve continuamente las partículas pequeñas y los granos minerales escamosos, dejando arena de cuarzo redonda. Estos granos de arena son transportados por la superficie del desierto, donde forman dunas. Éstas también se mueven y, ocasionalmente, caen en avalanchas.

Duna en Marruecos

*Enorme lecho rocoso que ha resistido la erosión*

*Arco natural de roca*

*Wadi*

*Las laderas se cubren con fragmentos de roca desgastados*

*Dunas*

*Los trozos de roca se agrupan en un wadi*

**MODELO DE UN PAISAJE DESÉRTICO**

La idea de los desiertos arenosos no es totalmente cierta. La Antártida (p. 18) es un desierto porque, como el Sahara, recibe menos de 10 pulg (25 cm) de lluvia al año. A veces llegan lluvias torrenciales a las zonas áridas y laderas enteras pueden ser desprovistas de piedras, roca, arena y barro debido a inundaciones en los wadis (valles de ríos secos), formando lagos temporales o playas. Los fragmentos de roca que se juntan al pie de las laderas escarpadas pueden desgastarse hasta formar arena. Luego, ésta es acarreada por el agua o el viento, dando lugar a las dunas.

*Área de roca que se ha erosionado más fácilmente*

**HOYOS EN EL LECHO DE UN RÍO**

A veces, los ríos desaparecen en el subsuelo en cuevas llamadas pozas. Algunas son grietas enormes en la piedra caliza; otras se forman al colapsarse la piedra caliza en las cuevas subterráneas. La piedra caliza se desgasta y erosiona formando sistemas de cuevas si la roca se puede sostener al quedar hueca. Las mejores piedras calizas para esto son los lodos calizos de granos finos (p. 51) que se han unido para formar roca sólida. Las piedras calizas con conchas generan sistemas de cuevas más lentamente.

# Sedimentación

Todos los fragmentos de roca que se desprenden de la superficie rocosa de la Tierra son depositados en algún otro lugar, como sedimento. El ambiente de sedimentación varía enormemente, y esto controla el carácter del sedimento. Si las condiciones son adecuadas, esta materia puede generar nuevas rocas sedimentarias. Algunos ambientes de sedimentación son las laderas montañosas empinadas, los valles fluviales planos, las playas, el lecho marino de la plataforma continental y el fondo profundo del mar. Muchos sedimentos que se depositan se erosionan nuevamente poco tiempo después. Esto puede suceder cuando caen piedras durante una crecida de río, y luego son transportadas río abajo por la siguiente crecida. Durante este tiempo, los guijarros y otros granos se desgastan y vuelven a ser transportados. El mejor lugar para que el sedimento se transforme en roca es el punto donde el suelo se está hundiendo, o donde el nivel del mar está subiendo. En estas condiciones, una capa de sedimento es rápidamente cubierta por otra, lo que la preserva. Una vez enterrada, se endurece para formar roca.

Valle de la costa Glamorgan, Gales

**LA FORMA DE LA PLAYA**
Las playas costeras son lugares de cambio continuo (p. 54). La naturaleza de las olas que rompen en esta playa provoca que las acumulaciones de piedras se restrieguen y acomoden. Sin embargo, aun las playas tienen ciclos estacionales definidos. En verano, la arena se mueve hacia la playa, mientras que en invierno las olas altas levantan la arena y la depositan fuera del mar.

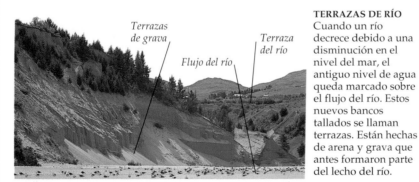

*Terrazas de grava*

*Terraza del río*

*Flujo del río*

Río Shotover, Nueva Zelandia

*Erosión en la parte externa de la curva*

**TERRAZAS DE RÍO**
Cuando un río decrece debido a una disminución en el nivel del mar, el antiguo nivel de agua queda marcado sobre el flujo del río. Estos nuevos bancos tallados se llaman terrazas. Están hechas de arena y grava que antes formaron parte del lecho del río.

**RÍO SERPENTEANTE**
Las partes más planas de los valles fluviales son los lugares donde los ríos depositan la carga de sedimento que han acumulado en la parte montañosa y rápida de su recorrido. A veces, estos valles son planos y extensos. El río se mueve cual serpiente, cambiando el curso con cada crecida, formando grandes meandros. Si el río pasa por el cuello del meandro, la sinuosidad resultante se llama lago de meandro.

Río Mara, Tanzania

*Depósito de sedimento en el interior de la curva*

*Cuello del meandro*

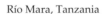

**RÍOS DE ARENA**
La erosión predomina en las partes escarpadas del río, mientras que la sedimentación lo hace en el lecho. Los bancos del río se erosionan en la parte externa de las curvas, donde la corriente es más rápida; el sedimento se vuelve a depositar en las partes internas de las curvas, donde la corriente es lenta. Así se forman los valles anchos y planos, o terrenos aluviales.

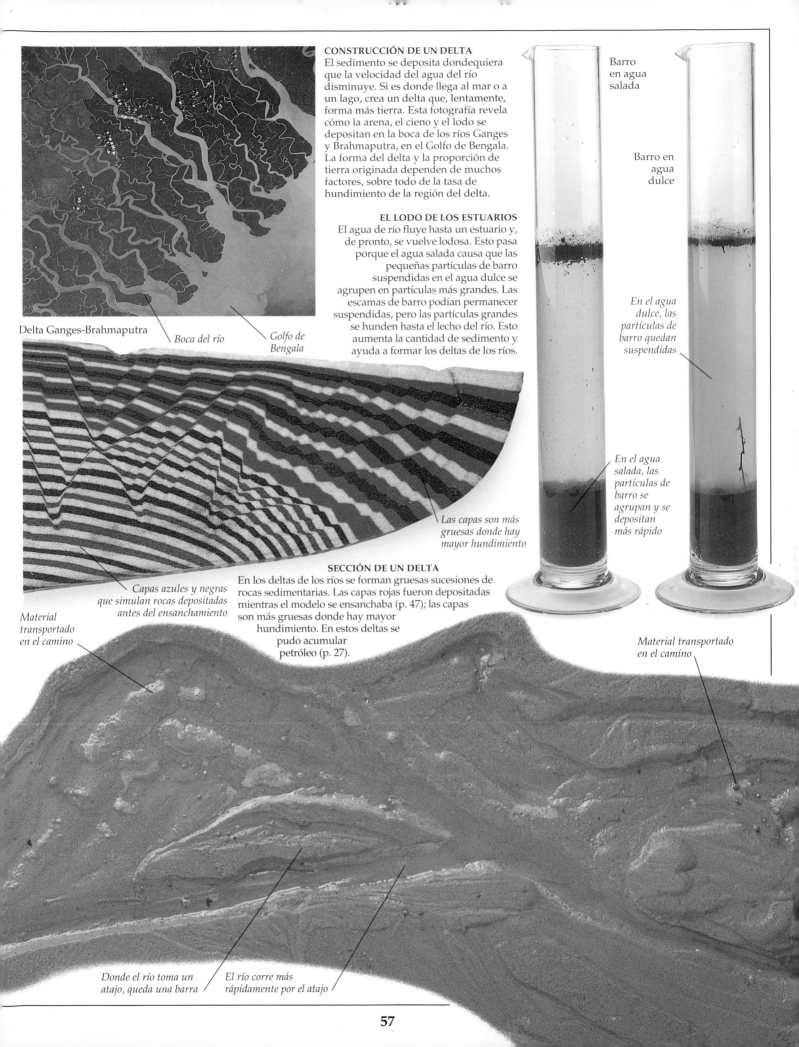

### CONSTRUCCIÓN DE UN DELTA

El sedimento se deposita dondequiera que la velocidad del agua del río disminuye. Si es donde llega al mar o a un lago, crea un delta que, lentamente, forma más tierra. Esta fotografía revela cómo la arena, el cieno y el lodo se depositan en la boca de los ríos Ganges y Brahmaputra, en el Golfo de Bengala. La forma del delta y la proporción de tierra originada dependen de muchos factores, sobre todo de la tasa de hundimiento de la región del delta.

### EL LODO DE LOS ESTUARIOS

El agua de río fluye hasta un estuario y, de pronto, se vuelve lodosa. Esto pasa porque el agua salada causa que las pequeñas partículas de barro suspendidas en el agua dulce se agrupen en partículas más grandes. Las escamas de barro podían permanecer suspendidas, pero las partículas grandes se hunden hasta el lecho del río. Esto aumenta la cantidad de sedimento y ayuda a formar los deltas de los ríos.

Delta Ganges-Brahmaputra

*Boca del río*

*Golfo de Bengala*

Barro en agua salada

Barro en agua dulce

*En el agua dulce, las partículas de barro quedan suspendidas*

*En el agua salada, las partículas de barro se agrupan y se depositan más rápido*

*Las capas son más gruesas donde hay mayor hundimiento*

### SECCIÓN DE UN DELTA

En los deltas de los ríos se forman gruesas sucesiones de rocas sedimentarias. Las capas rojas fueron depositadas mientras el modelo se ensanchaba (p. 47); las capas son más gruesas donde hay mayor hundimiento. En estos deltas se pudo acumular petróleo (p. 27).

*Capas azules y negras que simulan rocas depositadas antes del ensanchamiento*

*Material transportado en el camino*

*Material transportado en el camino*

*Donde el río toma un atajo, queda una barra*

*El río corre más rápidamente por el atajo*

# Glaciación

Hoy en día, los glaciares se encuentran en los valles altos de muchas cordilleras, aunque la mayoría se derriten más rápidamente de lo que son reabastecidos por las nevadas. Esto significa que la parte del glaciar que está en el valle, se retrae continuamente hacia la parte alta de la montaña. Actualmente, las montañas glaciares son un pequeño remanente de los enormes glaciares que ocuparon los valles durante las etapas frías del Pleistoceno. Hace 10,000 años, los glaciares comenzaron a derretirse más rápidamente de lo que se reabastecían de nieve. En los últimos 2 millones de años, la formación de glaciares ha sucedido cada vez que un periodo glacial frío y húmedo sigue a un periodo interglacial más cálido. Hoy, se cree que la Tierra se encuentra en un periodo interglacial, en el que los glaciares están derritiéndose. Al fluir los glaciares, crean valles más anchos y profundos, en forma de U. Al derretirse, los rodean grandes acumulaciones de sedimento que brota del hielo. Las cuales provienen de las rocas circundantes y acarreadas por los glaciares al descender hacia los valles. Así, los glaciares transportan enormes cantidades de roca fragmentada desde los picos de las montañas hasta los valles.

Océano Pacífico · Masa de hielo

**GLACIARES GIGANTES**
Cuando se derrite la embocadura de un glaciar, puede formarse un pequeño torrente de agua proveniente de las acumulaciones de grava rocosa que deja el hielo al derretirse. Esto se conoce como la morrena terminal del glaciar. Todos los grandes ríos europeos tienen su fuente en los glaciares de los Alpes que se derriten.

**CAPA DE HIELO CONTINENTAL**
Los interiores de Groenlandia y la Antártida están cubiertos por capas de hielo de miles de metros de espesor. El grosor disminuye en el borde de la masa de tierra. Cerca de la costa noroeste de Groenlandia, los glaciares se abren camino a través de las montañas que rodean la isla. Los fragmentos de roca son transportados en los bordes del glaciar (morrenas laterales), y dentro del hielo.

**PAISAJE DE HIELO VISTO DESDE UN SATÉLITE**
Alaska, Canadá, gran parte del norte de Estados Unidos y Escandinavia, así como la Antártida y Groenlandia, estuvieron cubiertos de hielo en la glaciación del Pleistoceno. Hoy, algunas de estas regiones aún se cubren de nieve en el invierno; sólo sus regiones montañosas tienen hielo glacial permanente. En el invierno, como se ve aquí en Alaska desde un satélite, se acumulan masas de hielo en la costa, al congelarse el mar y caer la primera nevada. En Siberia, Alaska y el norte de Canadá aún hay grandes regiones de suelo congelado conocido como permafrost, aunque su área se está reduciendo.

Capa de hielo

Morrena terminal

Glaciar del valle

Grieta

### HIELO GRIS

En el verano, la nieve madura en la cima del glaciar se derrite. El polvo, volcánico o erosionado de las rocas, se concentra en la superficie como una delgada capa oscura (derecha). La superficie de nieve gris absorbe la radiación solar y acelera el derretimiento. La nieve del invierno crea una nueva capa blanca, y así las capas de polvo señalan cada derretimiento en el hielo del glaciar.

*Nieve recién caída*

*Nieve nueva*

*Neviza*

*Hielo del glaciar*

*Aire expulsado*

*Hielo impermeable*

### DE LA NIEVE AL HIELO

La nieve que cae está formada de hojuelas blandas que atrapan aire en las nuevas capas de nieve. Al derretirse parcialmente durante el día y congelarse en la noche, los cristales se compactan y hay menos aire entre ellos. Esta nieve madura se llama neviza. Con el tiempo, la nieve ligera se compacta y forma hielo sólido.

Alpes franceses, cerca de Chamonix

### ROCAS EXTRAÍDAS

Cuando un glaciar pasa sobre un bloque de roca, se derrite un poco de hielo y se filtra por las fisuras de la roca, donde vuelve a congelarse. Esto extrae la roca del sólido suelo y la transporta por el glaciar.

*Lecho de roca*

*Hielo de glaciar*

*Roca extraída*

*El agua derretida se filtra*

### LA CREACIÓN DE FIORDOS

Los glaciares se mueven lentamente y, a diferencia de los ríos, no serpentean. La mayoría crece en valles fluviales existentes y erosiona los lados y el suelo del valle al pasar. Tras derretirse el glaciar, lo que una vez fue un serpenteante valle fluvial con forma de V, se convierte en un canal recto con forma de U. En áreas montañosas cerca de las costas, el mar penetra en los valles, muchos de los cuales se encuentran bajo el nivel global del mar, que se elevó a partir del derretimiento de los glaciares. En la costa de Noruega hay muchas entradas formadas de esta manera, donde se les conoce como *fjord*. Los fiordos también se hallan alrededor de los continentes del norte, en la Antártida y en Nueva Zelandia.

*Raspones hechos por fragmentos de roca atrapados en el glaciar*

*Roca arcillosa unida con cal*

*Fragmentos glaciales en la roca*

### GLACIAR RALLADOR

El suelo rocoso por el que viajan el hielo glacial y las rocas es tallado por los fragmentos de roca atrapados en el flujo del glaciar. Esta piedra lisa muestra raspones en la superficie (izquierda). El glaciar transporta el fino polvo de roca que se produce con cada raspón. Este polvo y los fragmentos de roca contribuyen a la carga total de roca del glaciar. La masa de polvo fino rocoso y los fragmentos grandes y pequeños de roca son depositados en montones donde se derrite el glaciar. Esta roca se llama roca arcillosa (derecha) y forma un paisaje alomado.

*Roca caliza de Suiza*

*Roca arcillosa caliza*

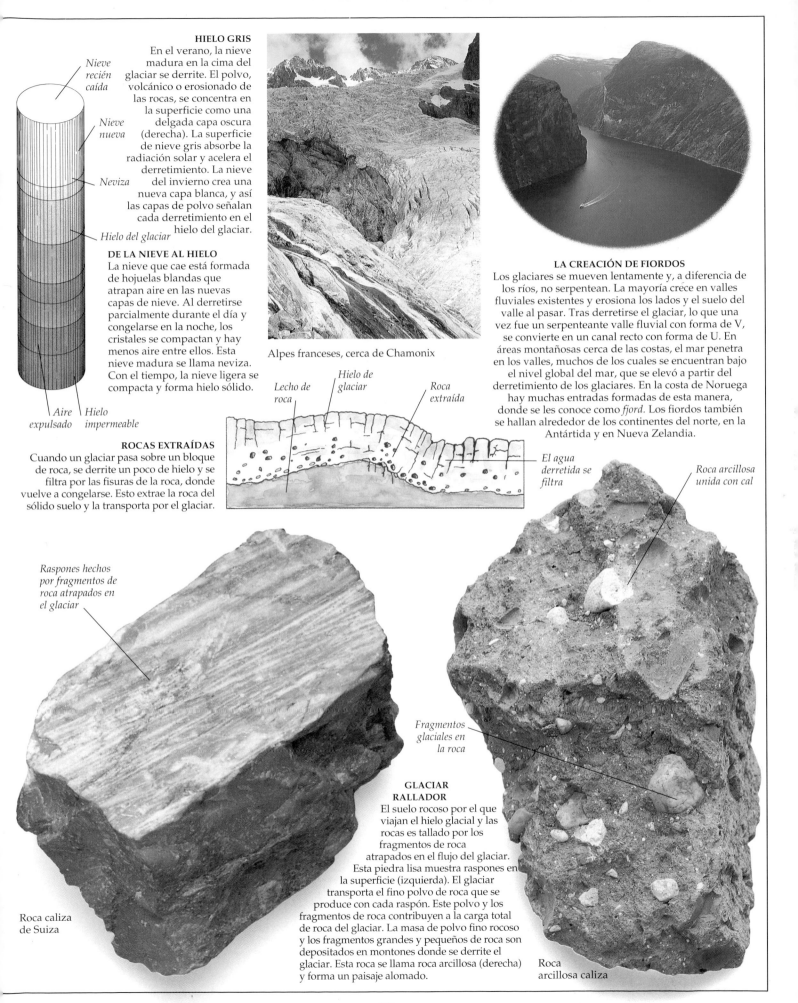

# Datación de la Tierra

CUANDO MEDITABA ACERCA DE LO VIEJA que podría ser la Tierra, James Hutton (p. 8) escribió en 1788 que no veía "ningún vestigio de un comienzo ni perspectiva de un final". Para él, el tiempo geológico era increíblemente largo. Fue hasta el siglo XX, con el conocimiento de la radiactividad, que se desarrolló un método preciso para fechar materiales viejos, como las rocas de la Tierra. El fechado radiométrico usaba un proceso medible de la Tierra, que ocurría en una escala de tiempo del orden correcto de magnitud. Otro método para determinar la edad de la Tierra es estudiar las capas de las rocas sedimentarias, así como los fósiles (plantas y animales muertos, preservados en las rocas de la corteza terrestre). Este registro también revela climas pasados y da información sobre cómo era la atmósfera en la Tierra. El suelo marino preserva el campo magnético de la Tierra, creando un registro que se remonta a 200 millones de años.

## JAMES USSHER (1581-1656)
Este clérigo del siglo XVII empleó pruebas bíblicas para demostrar que la Tierra fue creada en el año 4004 a.C. Basaba su cálculo en las genealogías de la Biblia. Muchos científicos y personas en general creyeron en la fecha de Ussher por un tiempo. Otras religiones fijaron una fecha del comienzo de la Tierra con base en sus creencias.

## WILLIAM THOMSON (1824-1907)
Este científico británico (más tarde, Lord Kelvin) calculó la edad de la Tierra basado en el tiempo que le tomó enfriarse, hasta llegar a su temperatura actual. Supuso que, originalmente, la Tierra tenía una superficie derretida. El tiempo que él dio fue de 40 millones de años, un lapso muy corto para que tuviera lugar la evolución de la vida o la acumulación de estratos de roca sedimentaria (p. 62).

## USO DE FÓSILES
El geólogo británico Charles Lyell (p. 62) se percató de que las piedras jóvenes contienen muchos fósiles similares a las formas vivientes y de que, progresivamente, las rocas más viejas tienen menos especies semejantes a las formas modernas. Los paleontólogos, que estudian los fósiles, y los estratígrafos, que estudian las secuencias de la roca, han recopilado una historia de la Tierra que permite fechar las rocas a partir de sus fósiles. Por ejemplo, el *Acadagnostus* está en las rocas del Cámbrico medio, y el *Eocyphinium* se halla en las de la Era Carbonífera.

## BRECHAS DE TIEMPO
El espesor de las capas de roca podría parecer una buena manera para fechar los procesos de la Tierra, pero es difícil medir los índices de sedimentación. Las capas contienen muchas brechas de tiempo cuando no se asentaron los estratos, o éstos se erosionaron. Algunas brechas representan un intervalo muy largo. A partir de los fósiles y el fechado radiométrico, el intervalo en este afloramiento de roca en el sur de Gran Bretaña es de 160 millones de años: desde que el conjunto más bajo de rocas se asentó como sedimento hasta que fue enterrado por nuevas capas de rocas. Tal brecha de tiempo entre la sedimentación de capas de roca se llama discordancia.

*Acadagnostus*

*Eocyphinium*

## CORRELACIONAR FÓSILES
Los fósiles se pueden utilizar para comparar rocas de diferentes lugares. La correlación da por sentado dos cosas: que la evolución de todos los miembros de una especie tuvo lugar al mismo tiempo en todo el mundo, y que la evolución nunca reproduce una especie que se ha extinguido. Los fósiles de criaturas que murieron y fueron enterradas al mismo tiempo, a veces aparecen en distintos tipos de rocas. Dos rocas, como la arenisca y la pizarra, pueden formarse al mismo tiempo, quizá donde una playa se volvió un estero fangoso.

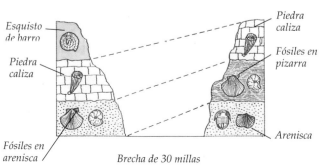

*Esquisto de barro*

*Piedra caliza*

*Fósiles en arenisca*

*Brecha de 30 millas*

*Piedra caliza*

*Fósiles en pizarra*

*Arenisca*

**Sujeción de una aguja magnética**

**Espejo. Muestra movimientos de la aguja**

**Cilindro de mármol. Sostiene dos espirales para producir un campo magnético**

**La muestra mineral se coloca aquí**

**Pedestal de mármol para aislar el magneto**

### MAGNETÓMETRO
Los especímenes de lava cuidadosamente orientados, pueden recolectarse y llevarse al laboratorio. Al ponerlos en el campo magnético de un magnetómetro, es posible determinar la dirección de su alineamiento magnético, lo cual sugiere la edad de la lava.

Modelo de una depresión sedimentaria

**Las capas rojas y negras son sedimentos**

### ESTRATIGRAFÍA: HISTORIA A TRAVÉS DEL MAGNETISMO
Las rocas sedimentarias contienen granos de minerales magnéticos desgastados a partir de rocas ígneas preexistentes. Cuando éstos acaban sobre un montón de sedimentos, cada grano se orienta a sí mismo con respecto al campo magnético de la Tierra (p. 6). Una sucesión de rocas sedimentarias puede correlacionarse con la polaridad normal e inversa (p. 39), y compararse con sus fechas radiométricas. Algunas rocas son más apropiadas; las areniscas rojas y las pizarras son particularmente útiles, por ser ricas en hierro.

### ANILLOS DE ÁRBOL
La edad de un árbol talado puede calcularse a partir de los anillos de crecimiento en el tronco. Cada año se caracteriza por su propio anillo. Los árboles más viejos del planeta, como los pinos americanos, permiten hacer registros de hace miles de años. A partir de esta información, la madera aislada, como la que se fosiliza en los flujos de lava reciente, puede fecharse con precisión.

**Anillos de crecimiento**

**Capas jóvenes de madera en el exterior del tronco**

Tronco de árbol fosilizado

**Los aminoácidos se extraen del hueso para fechar el radiocarbono**

### FECHADO RADIOMÉTRICO
Este método funciona a partir de la medición del índice de transformación de un isótopo radiactivo (padre) con respecto a su elemento hija. Algunas transformaciones radiactivas padre-hija toman más tiempo que la edad de la Tierra. Estos elementos radiactivos de larga duración, como el uranio, se utilizan para fechar rocas viejas.

### EN EL LABORATORIO
Cuando un organismo muere, su contenido de carbono no se renueva. El fechado de radiocarbono mide cuánto carbono 14 queda en un organismo muerto, en relación con el carbono 12. En 5,570 años, la mitad del carbono 14 en una muestra habrá cambiado a carbono 12. Esto significa que el carbono 14 sólo sirve para fechar madera, hueso y rocas de hace 70,000 años. En este laboratorio se usa un espectrómetro de masa para seleccionar y contar las cantidades de cada isótopo.

# La Tierra y su nombre

LA HISTORIA MÁS RECIENTE DE LA TIERRA es la mejor conocida, pues las rocas más jóvenes contienen abundantes fósiles, y existe un registro muy completo de la roca. Sabemos mucho menos de los primeros 3,000 millones de años, ya que las rocas contienen pocos fósiles primitivos y muchas piedras se han transformado varias veces. Gran parte del registro de la roca ha sido enterrado por rocas jóvenes o se ha erosionado para crear rocas sedimentarias.

**CHARLES LYELL (1797-1875)**
La principal contribución de Lyell a la geología fue su creencia en el uniformitarianismo, según el cual "el presente es la llave al pasado". Se sabe que ésta es una verdad limitada, como lo muestra la historia del Precámbrico. La placa tectónica, la formación de montañas, el desgaste y la sedimentación quizá tuvieron, un comienzo temprano en el Precámbrico.

**LA EDAD DE LA TIERRA**
Se cree que la Tierra tiene unos 4,550 millones de años. Esto lo sustenta la edad de las rocas más viejas sobre la Luna y la fecha de los meteoritos, lo cual sugiere que nuestro Sistema Solar puede tener más o menos esa misma edad. La Era Precámbrica incluye eventos como el origen de las primeras formas de vida, el crecimiento de los continentes, el inicio de la placa tectónica y la formación del oxígeno atmosférico.

Meteorito pedregoso

*Paradoxides*

*Mastopora*

**BASUREROS MARINOS**
El Cámbrico marca el tiempo en que la vida se volvió abundante en los océanos y dejó un claro registro de su presencia a través de los fósiles. Los trilobites, como este *Paradoxides*, vivían en el fondo de los océanos menos profundos, donde rastreaban su comida.

**APORTADORES DE OXÍGENO**
Algas verdes como la *Mastopora*, producen oxígeno en su metabolismo y son responsables de liberar oxígeno a la atmósfera (p. 10).

**CORALES DURADEROS**
*Goniophyllum* Corales como el *Goniophyllum*, son formas de vida aún familiares.

**EL ESCUDO PRECÁMBRICO**
Sir William Logan (p. 40) se dio cuenta de que las rocas precámbricas que él dibujó en un mapa del Escudo canadiense eran muy viejas. A las estructuras de estas rocas las llamó criptozoicas, que significa animal escondido, pues se creía que precedían a la existencia de la vida.

*Pteraspis*

**ROCA VIEJA**
Gran parte de la primera corteza sólida de la Tierra pudo ser parecida al basalto en su composición, y similar al suelo marino actual. Los granitos que formaron los continentes aparecieron después. Hoy, los granitos precámbricos se han transformado muchas veces.

Gneis de granito

**VIDA PRIMITIVA**
Las *Collenia*, algas azul-verdosas, constituyen una de las primeras formas de vida. Aparecen en pilares apelmazados entre los niveles de las mareas altas y bajas.

*Collenia*

**PECES ESPINOSOS**
Algunas formas de vida tienen un esqueleto externo, como una concha, mientras que otras lo tienen interno. Los primeros peces que habitaron el mar tenían un esqueleto externo, sin mandíbulas, como este *Pteraspis*.

| ARCAICO | PROTEROZOICO | | CÁMBRICO | ORDOVÍCICO | SILÚRICO | DEVÓNICO |
|---------|--------------|--|----------|------------|----------|----------|
| PRECÁMBRICO | | | PALEOZOICO | | | |
| 4,500 Ma | 2,500 Ma | | 590 Ma | 500 Ma | | 400 Ma |

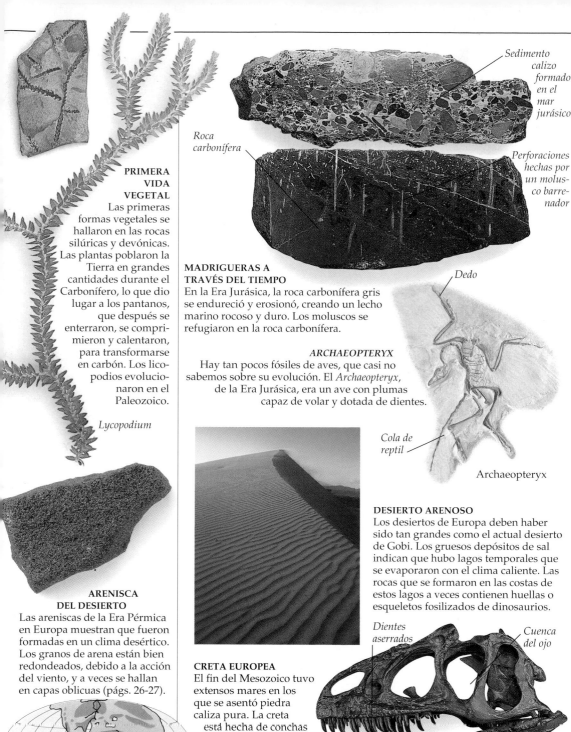

## PRIMERA VIDA VEGETAL

Las primeras formas vegetales se hallaron en las rocas silúricas y devónicas. Las plantas poblaron la Tierra en grandes cantidades durante el Carbonífero, lo que dio lugar a los pantanos, que después se enterraron, se comprimieron y calentaron, para transformarse en carbón. Los licopodios evolucionaron en el Paleozoico.

*Lycopodium*

## ARENISCA DEL DESIERTO

Las areniscas de la Era Pérmica en Europa muestran que fueron formadas en un clima desértico. Los granos de arena están bien redondeados, debido a la acción del viento, y a veces se hallan en capas oblicuas (págs. 26-27).

*Mares poco profundos*

## MAPA CARBONÍFERO

En este mapa de Pangea, Alfred Wegener (p. 35) mostró todos los continentes agrupados al final del periodo Carbonífero.

*Sedimento calizo formado en el mar jurásico*

*Roca carbonífera*

*Perforaciones hechas por un molusco barrenador*

## MADRIGUERAS A TRAVÉS DEL TIEMPO

En la Era Jurásica, la roca carbonífera gris se endureció y erosionó, creando un lecho marino rocoso y duro. Los moluscos se refugiaron en la roca carbonífera.

*Dedo*

## ARCHAEOPTERYX

Hay tan pocos fósiles de aves, que casi no sabemos sobre su evolución. El *Archaeopteryx*, de la Era Jurásica, era un ave con plumas capaz de volar y dotada de dientes.

*Cola de reptil*

Archaeopteryx

## DESIERTO ARENOSO

Los desiertos de Europa deben haber sido tan grandes como el actual desierto de Gobi. Los gruesos depósitos de sal indican que hubo lagos temporales que se evaporaron con el clima caliente. Las rocas que se formaron en las costas de estos lagos a veces contienen huellas o esqueletos fosilizados de dinosaurios.

## CRETA EUROPEA

El fin del Mesozoico tuvo extensos mares en los que se asentó piedra caliza pura. La creta está hecha de conchas de diminutas algas.

*Dientes aserrados*

*Cuenca del ojo*

El alosauro vivía en la tierra

*Cavidad para músculos de la quijada*

## FÓSILES DE DINOSAURIO

Las criaturas que vivieron en el agua y cayeron al fondo al morir, tuvieron mayor oportunidad de preservarse como fósiles. En el registro de fósiles predominan las criaturas acuáticas. Los animales terrestres como el carnívoro alosauro, rara vez se conservaron.

*Glaciar alpino*

## LA GRAN ERA DE HIELO

Una causa de la Era de Hielo en el Pleistoceno (una subdivisión del Cuaternario) pudieron ser las altas montañas y su ubicación, lo cual afectó los sistemas climáticos globales al desviar los vientos de la superficie.

## LAS MONTAÑAS ROCOSAS

Una cadena de altas montañas se levantó a lo largo de las zonas de subducción en el oeste de América. La topografía global de nuestros días es mucho más variada que la anterior. Muchas cordilleras han emergido y se han erosionado constantemente (págs. 54-55).

## PAISAJE RECIENTE

El mapa de Alfred Wegener de la Era Terciaria tardía mostraba el mundo casi como es hoy, aunque con un océano Noratlántico más angosto. Durante esta era se formaron las principales cordilleras, como los Alpes y el Himalaya (págs. 46-47).

| CARBONÍFERO | PÉRMICO | TRIÁSICO | JURÁSICO | CRETÁCEO | TERCIARIO | CUATERNARIO |
|---|---|---|---|---|---|---|
| PALEOZOICO | | | MESOZOICO | | CENOZOICO | |
| 300 Ma | | | 200 Ma | 100 Ma | 65 Ma | |

# Índice

# Reconocimientos

**Dorling Kindersley agradece a:**
Henry Buckley, Andrew Clarke, Alan Hart y Chris Jones, del Natural History Museum; Ken McClay, Sun Professor de Geología Estructural de la Royal Holloway University de Londres; John Catt de la Rothamsted Experimental Station; los miembros del Institute of Oceanographic Sciences Deacon Laboratories; los miembros de la British Antarctic Survey; Brian Taylor y Fergus McTaggart de la British Geological Survey; BP Exploration por la muestra del núcleo de la p. 27; Frances Halpin por los experimentos de química; The Old Southern Forge por el hierro de la p. 29.
**Ilustraciones** Stephen Bull
**Fotografía** Andy Crawford, Mike Dunning, Neil Fletcher, Steve Gorton, Colin Keates, Dave King, James Stephenson, Harry Taylor, Peter York
**Índice** Jane Parker

**Créditos fotográficos** ar.=arriba; ab.= abajo; c=centro; i.=izquierda; d.=derecha

B & C Alexander 58ab. Biofotos/Heather Angel 17arr.i. Biblioteca Bodleiana, Oxford 9ab.d.; 9tr. Bridgeman/Royal Geographical Society 8ar.i.; /Louvre, París 52ar.i. Oriental Section, Bristol Museums and Art Gallery 9ab. British Antarctic Society 6ab.d.; 19ar.d.; 32ab.i.; /E.Wolff 19ab.d.; /R.Mulvaney 19ab.c.; /NOAA 39ab.d. British Geological Survey 6ar.d.; 21br.; 61ar.i. Bruce Coleman Picture Library /Jules Cowan 17c.i.ab.; /M.P.L. Fogden 20 c.i. James Davis Photography 50-51ab. Joe Cornish 55i.. John Catt 52d.; 52ab.c. Mary Evans Picture Library 22-c.d.; 24ar.i.; 30ab.i.; 30ab.c.; 34 c.d.; 40ar.i.; 60 ar.i.; /Explorer Biblioteca Reale, Torino 8ab.i. ffotograff/Charles Aithie 50c.i.; 52ab.i.; 56ar.d.; /Jill Ranford 51ar.c. Greenpeace/Loor 18ab.i. Gwynedd Archive Service 28c.ab. Robert Harding Picture Library 37ar.d.; 37ab.i.; 39c.i.; 44c.i.ab.; 47c.d.; 63c.d.; /Y. Arthus Bertrand Explorer 56c.d.; /Margaret Collier 56c.i.; /Ian Griffiths 50ar.d. Hulton Deutsch 31ar.i. Image Bank/Joanna

MacCarthy 41c.d.; /H.Wendler 53ar.d. Institute of Oceanographic Sciences: Deacon Laboratory 38ar.d.; /MIAS 33-ar.d. Impact/Martin Black 9ab.i. Japanese Archive 42ar.i. Mansell Collection 8c.d.; 8ab.d.; 18ar.i.; 34ar.d.; 46ar.d.; 60ar.d.; 62-ar.d. NASA 6ar.i.; 10ar.i.; 11ar.d.; 11ar.c.; 12ab.c.; 34ab.d.; 49ar.i.; 49c.; 57ar.i. National Archives of Canada 41ar.d.; 62c.i.ab. National Maritime Museum Publications 30ab.d. National Oceanic and Atmospheric Administration/National Geophysical Data Centre 36ab.i.; 36ar.i.; 37c.; 37ar.c.i.; 37ab.d. Natural History Museum Picture Library 13c.ab.d. Image Select/Ann Ronan 22ar.i. Clive Oppenheimer 25i. Oxford Scientific Films/John Downer 49-ar.d.; /Mills Tandy 55ab.d.; /Konrad Wothe 46c.d. Planet Earth Picture Agency/Peter Atkinson 10c.d.; /Peter David 32ar.i.; Ivor Edmonds 59ar.d.; /David George 24c. Princeton University: Department of Geological and Geophysical Sciences 38ar.i. Science Photo Library/Dr. Gene Feldman/NASA GSFC 32c.; /Mark Bond 26ar.i.; /Tony Craddock 48c.; /John Downer 37ab.c.; /European Space Agency 1c.; /Douglas Faulkner

38c.i.; /James King-Holmes 61c.d.; 61c.d.-ab.; /G. Muller, Struers MBH 29ar.c.; /NASA 37ar.i.; 45c.i., 58c.d.; /Peter Ryan Scripps 38c.d.; /Soames Summerhays 45-ab.; /U.S. Geological Survey 37ar.c.d.; 43-c.d.; /Tom Van Sant/Geosphere Project, Santa Monica 14ar.d.; 18c.i.; 18c. Scripps Institute of Oceanography 32c.d.. Simon Petroleum 40ab.c. Frank Spooner Picture Library/Giboux Liais. 43c.i.; /Planchenault Front Cover. Clive Streeter 46c.i.ab.; 54c.i.ab.; 54ab.d.; 55ar.d.; 59ar.c.; 63c. U.S. Geological Survey 48ar.d. Susanna van Rose 29ab.i.; 60c.i.ab. Vienna University-Institute of Geology 42c.d.ab. Alfred-Wegener Institute: Andreas Frenzel 35ar.d.

Excepto lo listado arriba y los objetos del Science Museum, de Londres (p. 17c.d.; 12c.i., 20ar.d.), y los del Oxford University Museum (p. 12d.c. y 62c.i.), los objetos de las p. 3ar.d., 4ar.d., 4ar.i.c., 4ab., 6ar.i., 14i., 15, 18/19c., 17ab.c., 17ar.d.,17ar.i., 24ab., 27ar.i., 27d., 29i., 33ab., 41i., 41ab., 43ab., 46I, 46c., 46ab., 48/49ab., 53ar.i., 53ab., 57ar.c., 56/57ab., 58ab.d., 59ab.i., 61ar.d. están en las colecciones del Natural History Museum, en Londres.